Psychiatrische Dokumentation im PEPP-Entgeltsystem

Psychiatrische Dokumentation im PEPP-Entgeltsystem

Ein Leitfaden für Mitarbeiter in der Psychiatrie, Psychosomatik sowie Kinder- und Jugendpsychiatrie

von

Claus Wolff-Menzler und Nicole Pagel

Unter Mitarbeit von

Barbara Kunze und Kerstin Sehmer-Kurz

HOGREFE

GÖTTINGEN · BERN · WIEN · PARIS · OXFORD · PRAG
TORONTO · BOSTON · AMSTERDAM · KOPENHAGEN
STOCKHOLM · FLORENZ · HELSINKI

Dr. med. Claus Wolff-Menzler, M.A., geb. 1971. 1993-2001 Studium der Humanmedizin in Göttingen. Facharzt für Psychiatrie und Psychotherapie. 2007-2009 Master-Studiengang Management von Gesundheits- und Sozialeinrichtungen an der TU Kaiserslautern und Univ. Witten-Herdecke. Gesundheitscontroller und Qualitätsmanager. Seit 2012 geschäftsführender Oberarzt der Klinik für Psychiatrie und Psychotherapie der Universitätsmedizin Göttingen und dort seit 2010 Leitung der allgemein-psychiatrischen Tagesklinik sowie Leitung der Ambulanz für Vagus-Nerv-Stimulation (VNS). Leitung Fachausschuss Entgeltsystem in der Psychiatrie und Psychosomatik (FEPP) der deutschen Gesellschaft für Medizincontrolling. Ab 01.06.2015 Ärztlicher Direktor und Chefarzt des Alexianer-Fachkrankenhaus für Psychiatrie, Psychotherapie und Psychosomatik in Aachen.

Nicole Pagel, B.A., geb. 1988. 2007-2010 Ausbildung zur Gesundheits- und Krankenpflegerin am Universitätsklinikum Göttingen. 2008-2012 berufsbegleitendes Studium der Pflege an der Hochschule Hannover (Studienschwerpunkt: Organisation und Management). Seit 2013 Projektbeauftragte PEPP-Entgeltsystem sowie seit 2014 Projektbeauftragte Öffentlichkeitsarbeit in der Geschäftseinheit Pflegedienst am Universitätsklinikum Göttingen.

Bibliografische Information der Deutschen Nationalbibliothek
Die Deutsche Nationalbibliothek verzeichnet diese Publikation in der Deutschen Nationalbibliografie; detaillierte bibliografische Daten sind im Internet über http://dnb.dnb.de abrufbar.

Göttingen • Bern • Wien • Paris • Oxford • Prag • Toronto • Boston
Amsterdam • Kopenhagen • Stockholm • Florenz • Helsinki
Merkelstraße 3, 37085 Göttingen

http://www.hogrefe.de
Aktuelle Informationen • Weitere Titel zum Thema • Ergänzende Materialien

Umschlaglayout: Daniel Kleimenhagen, Hildesheim
Satz: ARThür Grafik-Design & Kunst, Weimar
Druck: Media-Print Informationstechnologie GmbH, Paderborn
Printed in Germany
Auf säurefreiem Papier gedruckt

ISBN 978-3-8017-2632-4

Vorwort

Die Dokumentation in den Krankenhäusern ist sowohl bei ein und demselben Patienten als auch über die verschiedenen Berufsgruppen hinweg und auch innerhalb einer Berufsgruppe häufig äußerst heterogen. Häufige Kritikpunkte sind: Fehlende und/oder lückenhafte Dokumentation, inhaltlich nicht aussagekräftig, falsche und/oder konträre Dokumentation. Verschärft wird diese Situation durch die massiv gestiegenen Anforderungen an die Dokumentationsqualität und die dramatisch gestiegene Dokumentationsquantität infolge des gesetzgeberischen Auftrages zur Entwicklung eines pauschalierenden Entgeltsystems (PEPP) im stationären Bereich der Psychiatrie und Psychosomatik (Krankenhausfinanzierungsreformgesetz – KHRG, § 17d; in der geltenden Fassung ab 25.03.2009). Dies bedeutet, dass sämtlichen klinischen Mitarbeiter, welche in den Behandlungsprozess eines Patienten eingebunden sind, neben der ICD-10 GM und den Deutschen Kodierrichtlinien für die Psychiatrie/Psychosomatik, sich detailliert im Operationen- und Prozedurenschlüssel (OPS) sowie dem PEPP-Definitionshandbuch und dem PEPP-Entgeltkatalog auskennen müssen. Die sachgerechte sowie zeitnahe Abbildung des Krankheitsbildes unter korrekter Anwendung dieser jährlich aktualisierten Regelwerke bedeutet einen gewaltigen koordinativen Aufwand und eine massive Zunahme der Dokumentationsverpflichtungen. Das Patientenrechtegesetz tut sein Übriges hinzu.

Dieses Buch richtet sich an sämtliche Mitarbeiterinnen und Mitarbeiter psychiatrischer und psychosomatischer Einrichtungen (Fachpflege, Physiotherapie, Ergotherapie, Pädagogisches Personal, psychologsicher, Sozial- und ärztlicher Dienst). Es orientiert sich ausschließlich an den gesetzlichen Vorgaben und bietet einen einfachen, verständlichen, und ressourcenschonenden Lösungsansatz, um innerhalb einer psychiatrischen, psychosomatischen und kinder- und jugendpsychiatrischen Einrichtung eine berufsgruppenübergreifende konsistente und MDK-prüfbelastbare Dokumentation auf Fallebene einzuführen. Dabei wurden für alle Krankheitsbilder geeignete Fachtermini aus ICD-10-GM 2012, OPS 2014 und dem Betreuungsintensitätsmodell identifiziert und so aufbereitet, dass in Abhängigkeit der Krankheitsschwere sowohl die Symptomatik als auch der geleistete Aufwand am Patienten berufsgruppenübergreifend konsistent dokumentiert werden kann.

Die für die Dokumentation entwickelten Bögen sind nicht als strikte Vorgabe anzusehen, vielmehr bilden sie den kleinsten gemeinsamen Nenner der seitens Krankenhausgesellschaften und Kostenträgern konsentierten obengenannten Nomenklaturen. Dieser Ansatz führt zu einer schnellen und nachhaltigen Verbesserung der Dokumentationsqualität. Die Systematik ist äußerst pragmatisch gehalten und sofort einsetzbar. Umfangreiches Schulungs- und Vortragsmaterial ist sowohl für die Leitungsebene als auch für die Leistungserbringer am Patienten so vorbereitet, dass ein Projektteam unmittelbar mit Schulungen und der Umsetzung in der Einrichtung beginnen kann. Darüber hinaus werden die Grundlagen des PEPP-Systems sowie des Change- und Projektmanagements vermittelt.

Göttingen, September 2014 Claus Wolff-Menzler und Nicole Pagel

Inhaltsverzeichnis

Vorwort 5

1 Gesetzlicher Hintergrund und Dokumentationsverpflichtung 9

2 Problembereich: Unplausible Dokumentationen 11

3 Zielsetzung: Berufsgruppenübergreifende Dokumentationssystematik 13

4 Das PEPP-Entgeltsystem 15

4.1 Zeitplan – Einführung des PEPP-Entgeltsystems 17
4.2 Wie kommt der Erlös zustande? 18
4.3 Welchen Einfluss hat die Dokumentation auf die Vergütung nach dem PEPP-Entgeltsystem? – Beispiel Erwachsenenpsychiatrie 20
4.4 Welchen Einfluss hat die Dokumentation auf die Vergütung nach dem PEPP-Entgeltsystem? – Beispiel Kinder- und Jugendpsychiatrie *(Kerstin Sehmer-Kurz und Barbara Kunze)* 28
4.5 Wöchentliche multiprofessionelle Teambesprechung 31

5 Psychiatrische und psychosomatische Dokumentation mit Hilfe des BI-Doku-Bogens und des Primär-Doku-Bogens .. 33

5.1 BI-Doku-Bogen: Bereich Regel- oder Intensivbehandlung 33
5.2 BI-Doku-Bogen: Bereich Betreuungsintensität 34
5.3 Primär-Doku-Bogen Psychiatrie 38
5.4 Psychometrische Verlaufsanalysen und Kliniksteuerung 41

6 Kinder- und jugendpsychiatrische Dokumentation mit Hilfe des BI-Doku-Bogens KJPP und des Primär-Doku-Bogens KJPP
(Kerstin Sehmer-Kurz und Barbara Kunze) 45

6.1 BI-Doku-Bogen KJPP: Bereich Regel- oder Intensivbehandlung .. 46
6.2 BI-Doku-Bogen KJPP: Bereich Betreuungsintensität 46
6.3 Primär-Doku-Bogen KJPP 48

7 Changemanagement und Umgang mit Widerständen 53

8 Projektmanagement – Einführung eines berufsgruppenübergreifenden Dokumentationskonzeptes 55
8.1 Einleitung 55
8.2 Einführung des berufsgruppenübergreifenden Dokumentationskonzeptes 56
8.3 Informations- und Definitionsphase 57
8.4 Planungsphase, Erarbeitungsphase und Projektorganisation 61
8.5 Realisierungsphase 67
8.6 Abschlussphase – Projektabnahme und -ende 69

9 Schulungskonzept – Ein Beispiel für die Einführung des berufsgruppenübergreifenden Dokumentationskonzeptes 71

10 Häufige Fragen 75

Anhang 77

Schulungsmaterialien 77
- Merkmale der Intensivbehandlung bei psychischen und psychosomatischen Störungen und Verhaltensstörungen bei Erwachsenen (vgl. DIMDI, 2014a) 79
- Fallbeispiele Betreuungsintensitätsmodell – Erwachsenenpsychiatrie (InEK) 80
- Fallbeispiele Betreuungsintensitätsmodell – Kinder- und Jugendpsychiatrie (Universitätsklinik Göttingen, *Kerstin Sehmer-Kurz und Barbara Kunze*) 92

Literatur 99

Übersicht über die Inhalte auf der CD-ROM 101

CD-ROM

Die CD-ROM enthält PDF-Dateien und einen PPT-Vortrag mit Materialien, die bei Einführung des berufsgruppenübergreifenden Dokumentationskonzeptes eingesetzt werden können.

Die PDF-Dateien können mit dem Programm Acrobat® Reader (eine kostenlose Version ist unter www.adobe.com/products/acrobat erhältlich) gelesen und ausgedruckt werden.

1 Gesetzlicher Hintergrund und Dokumentationsverpflichtung

Im Rahmen des Krankenhausfinanzierungsreformgesetzes (KHRG) vom 25. März 2009 wurde die Einführung eines durchgängig leistungsorientierten und pauschalierenden Entgeltsystems für Psychiatrie und Psychosomatik (PEPP) auf der Grundlage von tagesbezogenen Entgelten geregelt. Dies betrifft alle Fachkrankenhäuser und selbstständigen, gebietsärztlich geleiteten Abteilungen an somatischen Krankenhäusern für die Fachgebiete Psychiatrie und Psychotherapie, Kinder- und Jugendpsychiatrie und -psychotherapie (psychiatrische Einrichtungen) sowie die psychosomatische Medizin und Psychotherapie (psychosomatische Einrichtungen). Jede dieser Einrichtungen muss die Entscheidung treffen, ob sie optional 2015 bzw. 2016 oder verbindlich spätestens zum 01.01.2017 auf die neue PEPP-Entgeltsystematik wechselt. Dabei finden die Verordnungen des Bundesministeriums für Gesundheit (BMG) Anwendung, innerhalb derer Abrechnungsgrundsätze, Wiederaufnahmen, Verlegungen, Jahreswechsel, Zusatzentgelte, teilstationäre Leistungen, sonstige Entgelte, Inkrafttreten, Außerkrafttreten, Übergangsregelung und Weiteres definiert sind.

Am 01.01.2013 sind das PEPP-Definitionshandbuch und der PEPP-Entgeltkatalog erstmals in Kraft getreten. In diesen, vom Institut für das Entgeltsystem im Krankenhaus (InEK) herausgegebenen „PEPP-Regelwerken" ist definiert, welche Bedingungen pro Fall erfüllt sein müssen, damit dieser vom Krankenhaus korrekt der Abrechnung zugeführt werden kann. In diesem Zusammenhang kommt der Diagnosen- und Prozedurenklassifikation eine zentrale Bedeutung zu. So müssen diese in der Lage sein, relevante Informationen zum Krankheits- und Leistungsspektrum in psychiatrischen und psychosomatischen Einrichtungen beizutragen. Das Deutsche Institut für Medizinische Dokumentation und Information (DIMDI) überarbeitet im Auftrag des Bundesministeriums für Gesundheit jährlich die amtlichen Klassifikationen (namentlich die ICD-10-GM und den sog. Operationen- und Prozedurenschlüssel „OPS", DIMDI, 2014a,b). Die Deutsche Krankenhausgesellschaft, der GKV-Spitzenverband und der Verband der privaten Krankenversicherung erstellen und veröffentlichen über das InEK jährlich die deutschen Kodierrichtlinien für die Psychiatrie und Psychosomatik (DKR-Psych; Geltungsbereich nach § 17d KHG).

Auf diesen Grundlagen und aus dem mit dem Patienten geschlossenen Behandlungsvertrag leitet sich die Verpflichtung über eine sachgerechte patientenbezogene und mittlerweile äußerst anspruchsvolle Dokumentation direkt ab.

2 Problembereich: Unplausible Dokumentationen

Die Dokumentation in den Krankenhäusern ist häufig bei ein und demselben Patienten sowohl über die verschiedenen Berufsgruppen hinweg, als auch innerhalb einer Berufsgruppe heterogen. Folgende Ursachen sind denkbar:

1. Die Erkrankung verursacht isolierte Funktionsdefizite, welche partielle Funktionen noch zulassen, so dass entsprechend unterschiedlich von involvierten Berufsgruppen interpretiert und dokumentiert wird (*Beispiel:* Ein depressiver Patient kann einen schwer depressiven psychopathologischen Befund aufweisen und zeitgleich aufgrund vorhandener Ressourcen Ergotherapie absolvieren).
2. Verschiedene Berufsgruppen verwenden unterschiedliche Nomenklaturen zur Beschreibung identischer Sachverhalte.
3. Die Mitarbeiter dokumentieren „therapieerfolgsorientiert“ und vernachlässigen die Hervorhebung vorhandener krankheitsbedingter und therapiebedürftiger Defizite sowie entstandener Aufwände.
4. Die Mitarbeiter wissen nicht, wie sie korrekt dokumentieren sollen, sind daher unsicher in ihrem Dokumentationsverhalten und trennen nicht das Wesentliche vom Unwesentlichen bzw. dokumentieren zu oberflächlich (*Beispiel:* „Pat. kommt pünktlich zurück“, „Status idem“, „unauffällig“).
5. Der zeitliche Abstand zwischen erbrachter Leistung und Dokumentation ist zu groß und die Dokumentation erfolgt, indem versucht wird, „sich zu erinnern“.

Betrachtet man die Dokumentation des Krankheitsverlaufs während eines stationären Aufenthaltes, zeigt sich häufig eine Reihe von unplausiblen Einschätzungen zum Krankheitsstatus. Immer, wenn diese Dokumentations-Unplausibilitäten auftreten, werden der Krankheitsstatus, das damit verbundene Leistungsgeschehen am Patienten und der Krankheitsverlauf nicht korrekt abgebildet. Zweifellos werden die Krankenkassen und der MDK (Medizinischer Dienst der Krankenversicherung) auf eine inhaltlich korrekte sowie vollständige Dokumentation pro Patient bestehen und dies mit derselben Prüfhärte analog des DRG-Bereiches (Diagnosis Related Groups) nachprüfen. Jede Unplausibilität kann und wird zukünftig zu verzögerten Rechnungsbegleichungen führen (die sog. Liquiditätsfalle). Oberstes Ziel muss daher eine konsistente, zeitnahe, berufsgruppenübergreifende und ressourcenschonende Dokumentation mit möglichst maximaler Prüfsicherheit sein.

Ein zusätzlicher Impuls für eine sachgerechte Dokumentation wird durch das im Februar 2013 in Kraft getretene Patientenrechtegesetz formuliert. Die geänderten Regelungen kräftigen die Rechte des Patienten, so heißt es u. a. in § 630g Abs. 1: *„Dem Patienten ist auf Verlangen unverzüglich Einsicht in die vollständige, ihn betreffende Patientenakte zu gewähren, soweit der Einsichtnahme nicht* *erhebliche therapeutische Gründe oder sonstige erhebliche Rechte Dritter entgegenstehen …*" (Bundesgesetzblatt, 2013, S. 278) weiterhin heißt es im § 630h Abs. 3: „*Hat der Behandelnde eine medizinisch gebotene wesentliche Maßnahme und ihr Ergebnis entgegen § 630f Absatz 1 oder 2 nicht in der Patientenakte aufgezeichnet oder hat er die Patientenakte entgegen § 630f Absatz 3 nicht aufbewahrt, wird vermutet, dass er diese Maßnahme nicht durchgeführt hat.*" (Bundesgesetzblatt, 2013, S. 278–279). Im Sinne der Beweislastumkehr kann hier eine Unterstützung durch lückenlose Dokumentation erfolgen.

3 Zielsetzung: Berufsgruppenübergreifende Dokumentationssystematik

Ziel des Buches ist es, eine berufsgruppenübergreifende Dokumentationssystematik auf Fallebene zu vermitteln, welche den Krankheitsverlauf sachgerecht und konsistent abbildet. Bei der Entwicklung der Dokumentationssystematik wurde darauf Wert gelegt,

- dass sie anwenderfreundlich, selbsterklärend und schnell umsetzbar ist,
- dass sie ressourcenschonend einsetzbar ist und
- eine hohe Prüfsicherheit gewährleistet.

Schlanke sowie anwenderfreundliche Dokumentationstools bzw. -systematiken sind wichtig, da alleine die Erfüllung der gesetzlichen Vorgaben bereits mit einem massiv gestiegenen sowie äußerst komplexen Dokumentationsaufwand verbunden ist. Die gesetzesgetreue Abbildung des Krankheitsbildes, des aktuellen Krankheitsverlaufs und des damit verbundenen Leistungsgeschehens am Patienten aus der Perspektive der Leistungserbringer und des Controllings erfordert schon heute einen gewaltigen koordinativen Aufwand.

Übergeordnete Ziele, die mit der Entwicklung der berufsgruppenübergreifenden Dokumentationssystematik verbunden waren, sind die Verbesserung der berufsgruppenübergreifenden Kommunikation und Zusammenarbeit innerhalb einer stationären Einrichtung sowie eine Befundkonsistenz gegenüber den Zuweisern, eine effiziente Ressourcenverteilung innerhalb der Einrichtung und die Einhaltung der Einzelprojektziele.

Für die Einführung eines berufsgruppenübergreifenden Dokumentationskonzeptes wurden Dokumentationsbögen für den psychiatrischen und psychosomatischen Bereich sowie für den kinder- und jugendpsychiatrischen Bereich entwickelt, die in Kapitel 5 und Kapitel 6 näher vorgestellt werden. Wie bei der Implementierung des Dokumentationsstandards im Einzelnen vorgegangen werden kann, beschreiben Kapitel 8 und Kapitel 9.

4 Das PEPP-Entgeltsystem

Die schrittweise Einführung des pauschalisierenden Entgeltsystems für Psychiatrie und Psychosomatik (PEPP) stellt die Kliniken vor gewaltige Herausforderungen. Bei PEPP handelt es sich um ein weltweit einzigartiges Entgeltsystem, welches durch eine völlig neue Systematik und eine ganze Reihe von in der Psychiatrie und in der Psychosomatik bisher wenig bedeutsamen bzw. völlig unbekannten Begrifflichkeiten charakterisiert ist. Um den Dokumentationsprozess zukünftig zu optimieren und den Anforderungen anzupassen, ist es von besonderer Bedeutung, die Grundlagen des PEPP-Entgeltsystems zu verstehen. Im Folgenden werden die Grundlagen dargestellt.

Merke: PEPP

Das pauschalierende Entgeltsystem für Psychiatrie und Psychosomatik (PEPP) ist ein Patientenklassifikationssystem, das auf der Grundlage einer tagesbezogenen Kostenkalkulation in einer klinisch relevanten und nachvollziehbaren Weise, Art und Anzahl der behandelten Krankenhausfälle in Bezug zum Ressourcenverbrauch des Krankenhauses setzt.

Die Eingruppierung nach PEPP ist somit Grundlage der leistungsorientierten tagesbezogenen Entgelte nach § 17d KHG. Die Abkürzung PEPP wird sowohl für das Entgeltsystem im Allgemeinen als auch für die einzelnen Fallgruppen verwendet.

Das Kürzel jeder PEPP besteht aus fünf alphanumerischen Zeichen (z. B. „ABZZS"), wobei diese Zeichen die folgende Bedeutung haben (InEK, 2013a, vgl. Abb. 1):

- A und B bilden die Strukturkategorie (SK), der die PEPP angehört. Dort wird hinterlegt, ob der Patienten voll- oder teilstationär behandelt wird und ob die Behandlung in einer erwachsenenpsychiatrischen, kinder- und jugendpsychiatrischen oder in einer psychosomatischen Einrichtung durchgeführt wird. Auch wird dort kodiert, ob die Dokumentation fehlerhaft ist.
- ZZ gibt die Basis-PEPP innerhalb der Strukturkategorie sowie die gruppierungsrelevante Diagnosegruppe an. Hier wird das gesamte Diagnosespektrum der Erwachsenenpsychiatrie, Kinder- und Jugendpsychiatrie sowie Psychosomatik abgebildet (siehe auch das Beispiel in Abb. 2). Erfordert die klinische Behandlung einen außerordentlich hohen bis hin zu einem extremen Personaleinsatz, werden diese als sogenannte „Prä-PEPP" abgebildet (vgl. Abb. 1).
- S kennzeichnet die Einteilung der PEPP innerhalb einer Basis-PEPP anhand ihres Ressourcenverbrauchs und unterschiedlicher Faktoren wie komplizierende Diagnosen/Prozeduren oder Alter.

Kürzel				Beschreibung
A	B	ZZ	S	
P	–	–	–	vollstationär
T	–	–	–	teilstationär
P	F	–	–	Fehler-PEPP (voll- und teilstationär)
–	A	–	–	(Allgemein-)Psychiatrie
–	P	–	–	Psychosomatik
–	K	–	–	Kinder- und Jugendpsychiatrie
–	0	01	–	Erste Basis-PEPP der Prä-PEPP
–	0	02	–	Zweite Basis-PEPP der Prä-PEPP
–	0	03	–	Dritte Basis-PEPP der Prä-PEPP
–	–	01	–	Intelligenzstörungen, tief greifende Entwicklungsstörungen, Ticstörungen oder andere Störungen mit Beginn in der Kindheit und Jugend
–	–	02	–	Psychische und Verhaltensstörungen durch psychotrope Substanzen
–	–	03	–	Schizophrenie, schizotype und wahnhafte Störungen oder andere psychotische Störungen
–	–	04	–	Affektive Störungen
–	–	05	–	Phobische, andere Angst- oder Zwangsstörungen
–	–	06	–	Somatoforme oder andere neurotische Störungen
–	–	07	–	Dissoziative Störungen
–	–	08	–	Sexuelle Funktionsstörungen oder Störungen der Geschlechtsidentität, der Sexualpräferenz oder der sexuellen Entwicklung und Orientierung
–	–	09	–	Nichtorganische oder organische Schlafstörungen
–	–	10	–	Ess- oder Fütterstörungen
–	–	11	–	Hyperkinetische Störungen, kombinierte Störungen des Sozialverhaltens und der Emotionen, Störungen des Sozialverhaltens oder sozialer Funktionen
–	–	12	–	Reaktionen auf schwere Belastungen und Anpassungsstörungen oder Störungen im Wochenbett
–	–	13	–	Abnorme Gewohnheiten und Störungen der Impulskontrolle
–	–	14	–	Persönlichkeitsstörungen oder andauernde Persönlichkeitsänderungen
–	–	15	–	Organische Störungen, amnestisches Syndrom, Alzheimer-Krankheit oder sonstige degenerative Krankheiten des Nervensystems
–	–	16	–	Krankheiten des Nervensystems, zerebrovaskuläre Krankheiten
–	–	17	–	Andere psychosomatische Störungen
–	–	18	–	Umschriebene Entwicklungsstörungen oder andere neuropsychiatrische Symptome
–	–	19	–	Diagnosegruppeübergreifende Basis-PEPP mit komplizierender Konstellation etc.
–	–	20	–	Diagnosegruppeübergreifende Basis-PEPP ohne komplizierende Konstellation etc.
–	–	96	–	Nicht gruppierbar
–	–	98	–	Neuropsychiatrische Nebendiagnose ohne neuropsychiatrische Hauptdiagnose
–	–	99		Keine neuropsychiatrische Neben- oder Hauptdiagnose
–	–	–	Z	keine Unterteilung der Basis-PEPP
–	–	–	A	höchster Ressourcenverbrauch
–	–	–	B	zweithöchster Ressourcenverbrauch
–	–	–	C	dritthöchster Ressourcenverbrauch
–	–	–	D	vierthöchster Ressourcenverbrauch

Abbildung 1: PEPP-Kürzel (InEK, 2014a, S. 3)

Die sogenannten „Prä-PEPP“ dienen neben der SK-Zuordnung der Identifikation besonders kostenintensiver Fälle. Diese PEPP sind streng hierarchisch anhand des Ressourcenverbrauchs geordnet. Zur Identifikation des hohen Ressourcenverbrauchs dienen vorrangig Prozeduren des OPS, wie beispielsweise die 1:1-Betreuung bei Erwachsenen (vgl. Abb. 2). Abbildung 2 zeigt ein Beispiel für eine PEPP.

P =	vollstationär
A =	(Allgemein-)Psychiatrie
04 =	Affektive Störungen
A =	höchster Ressourcenverbrauch

Abbildung 2: Beispiel einer PEPP – PA04A

Für die Zuordnung von diesen dokumentierten Merkmalen steht die Grouper-Software zur Verfügung. Die Grouper-Software ordnet die Behandlungsepisoden der entsprechenden Strukturkategorie (SK), Basis-PEPP und PEPP zu.

4.1 Zeitplan – Einführung des PEPP-Entgeltsystems

Das PEPP-Entgeltsystem wird nach einem Stufenplan eingeführt. Seit 2013 können Einrichtungen, die von der Einführung des PEPP-Entgeltsystems betroffen sind, optional die PEPP-Entgeltsystematik nutzen. Spätestens zum 01.01.2017

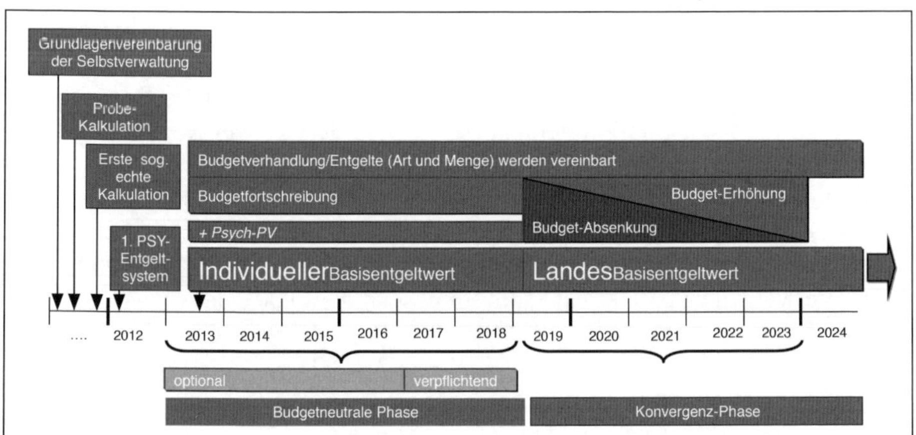

Abbildung 3: Zeitplan für die Einführung des Entgeltsystems in der Psychiatrie (vgl. Bielefeld, 2012)

muss verbindlich auf das neue PEPP-Entgeltsystem gewechselt werden. Ab 01.01.2017 beginnt deutschlandweit die verpflichtende zweijährige budgetneutrale Phase und ab 01.01.2019 wird die fünfjährige Konvergenzphase beginnen, innerhalb derer die Basisentgeltwerte auf einen bundeslandweiten Basisentgeltwert konvergieren. Abbildung 3 veranschaulicht den aktuellen Zeitplan für die Einführung des Entgeltsystems.

4.2 Wie kommt der Erlös zustande?

Der wesentliche Unterschied zum DRG-System, ist die Abrechnung auf Grundlage tagesbezogener Entgelte. Diese ergeben sich aus dem Produkt einer Bewertungsrelation (= Relativgewicht), die die ökonomische Fallschwere der Behandlung widerspiegelt und einem Basisentgeltwert (BEW). Vereinfacht dargestellt kann der Erlös wie folgt berechnet werden:

> Verweildauer (VWD) × Relativgewicht (RG) × (hausindividueller) Basisentgeltwert (BEW) = Erlös in Euro

Ab Beginn 2015 wird das degressive Vergütungsmodell mit sogenannten Vergütungsspannen, durch für jede PEPP definierte sogenannte Vergütungsklassen ersetzt. In dem neuen PEPP-Entgeltkatalog 2015 stellt vom Aufnahmetag an beginnend jeder (umgangssprachlich) Behandlungstag (korrekt: Berechnungstag) eine eigene Vergütungsklasse dar, welchem jeweils eine eigene Bewertungsrelation zugewiesen wird. Dabei senken sich die Bewertungsrelationen innerhalb der meisten PEPP's in Abhängigkeit der Verweildauer hin bis zu einem PEPP individuell festgelegtem Tag hin ab (der sog. Degressionsendpunkt). Ab diesem Tag wird immer die letztgenannte Bewertungsrelation für die Erlöskalkulation verwendet. Die Verweildauer des Patienten definiert somit, welche Bewertungsrelation zur Erlösklakulation herangezogen wird. Dazu zwei Beispiele aus der PA04C (vgl. Abb. 5):

1. Die Verweildauer sei 5 Tage; die BEW sei mit 230,00 € hausindividuell verhandelt
   ⇨ 5 Tage × RG von 1,0061 × BEW von 230,00 € = 1.157,02 € (gerundet)
2. Die Verweildauer sei 100 Tage; die BEW sei mit 230,00 € hausindividuell verhandelt
   ⇨ 100 Tage × RG von 0,8796 × BEW von 230,00 € = 20.230,80 €
   (ab einer Verweildauer von 20 Tagen und mehr gilt in der PA04C immer das gleiche Relativgewicht (= Bewertungsrelation))

2015 wurden erstmals drei sogenannte ergänzende Tagesentgelte (ET) aufgeführt. Die dort aufgeführten Leistungen, generieren zusätzliche Bewertungsrelationen, welche zu den Bewertungsrelationen der PEPP addiert werden. Dazu ein Beispiel (vgl. Abb. 4):

ET	Bezeichnung	ETD	OPS Version 2015		Bewertungs-relation je Tag
			OPS-Kode	OPS-Text	
1	2	3	4	5	6
ET01	Erhöhter Betreuungs-aufwand bei psychischen und psychosomatischen Störungen und Verhaltensstörungen bei Erwachsenen		9-640.0	Erhöhter Betreuungsaufwand bei psychischen und psychosomatischen Störungen und Verhaltensstörungen bei Erwachsenen, 1:1-Betreuung	
		ET01.01	9-640.01	Mehr als 6 bis 12 Stunden pro Tag	1,1613
		ET01.02	9-640.02	Mehr als 12 bis 18 Stunden pro Tag	1,9758
		ET01.03	9-640.03	Mehr als 18 Stunden pro Tag	3,0219
ET02*	Intensivbehandlung bei psychischen und psychosomatischen Störungen und Verhaltensstörungen bei Erwachsenen, bei Patienten mit mindestens 3 Merkmalen	ET02.01	9-615.*	Intensivbehandlung bei psychischen und psychosomatischen Störungen und Verhaltensstörungen bei Erwachsenen, bei Patienten mit 3 bis 4 Merkmalen	0,1898
		ET02.02	9-616.*	Intensivbehandlung bei psychischen und psychosomatischen Störungen und Verhaltensstörungen bei Erwachsenen, bei Patienten mit 5 und mehr Merkmalen	0,2355
ET03	Intensive Beaufsichtigung mit Überwachung in einer Kleinstgruppe oder Einzelbetreuung bei psychischen und psychosomatischen Störungen und Verhaltensstörungen bei Kindern und Jugendlichen		9-693.0	Intensive Beaufsichtigung mit Überwachung in einer Kleinstgruppe bei psychischen und psychosomatischen Störungen und Verhaltensstörungen bei Kindern und Jugendlichen	
		ET03.01	9-693.04	Mehr als 12 bis 18 Stunden pro Tag	0,8867
		ET03.02	9-693.05	Mehr als 18 Stunden pro Tag	0,9503
			9-693.1	Einzelbetreuung bei psychischen und psychosomatischen Störungen und Verhaltensstörungen bei Kindern und Jugendlichen	
		ET03.03	9-693.13	Mehr als 8 bis 12 Stunden pro Tag	1,2543
		ET03.04	9-693.14	Mehr als 12 bis 18 Stunden pro Tag	1,9680
		ET03.05	9-693.15	Mehr als 18 Stunden pro Tag	3,1205

Anmerkung: * Abrechenbar ist jeder Tag mit Gültigkeit eines OPS-Kodes gem. Spalte 4, an dem der Patient stationär behandelt wird. Vollständige Tage der Abwesenheit während der Gültigkeitsdauer eines OPS-Kodes gem. Spalte 4 sind nicht abrechenbar.

Abbildung 4: Katalog ergänzender Tagesentgelte (InEK 2014b, S. 35)

Die Verweildauer sei 5 Tage; die BEW sei mit 230,00 € hausindividuell verhandelt. Am Tag 4 findet *eine 1 : 1 Betreuung von 7 Stunden* statt (OPS-Kode: 9-640.01 = ET01.01)

⇨ (5 Tage × RG von 1,0061 **+ 1** × **1,1613**) × BEW von 230,00 € = 1.424,11 € (gerundet)

Merke:

Ab 2015 werden Vergütungsspannen abgeschafft und Vergütungsklassen eingeführt. Die Verweildauer bestimmt, welche der verschiedenen Bewertungsrelationen als Berechnungsgrundlage verwendet wird. Teilstationäre PEPP haben nur eine Vergütungsklasse. Zusätzliche Bewertungsrelationen können durch neue sogenannte ergänzende Tagesentgelte (ET) generiert und hinzuaddiert werden.

4.3 Welchen Einfluss hat die Dokumentation auf die Vergütung nach dem PEPP-Entgeltsystem? – Beispiel Erwachsenenpsychiatrie

In den vergangenen Jahrzehnten war die Dokumentation im Bereich der Psychiatrie vor allem bei Rechtsfragen oder MDK-Prüfungen von besonderer Relevanz. Mit dem Umstieg auf das neue Entgeltsystem wird ein Fokus auf das Leistungsgeschehen gesetzt, so dass sich die Dokumentation in umfassendem Maße direkt auf die Vergütung auswirkt. Im Folgenden soll am Beispiel der PEPPs PA04A bis PA04C der Einfluss der Dokumentation verdeutlicht werden. Für jede PEPP gibt es verschiedenste Voraussetzungen. Im jährlich erscheinenden Definitionshandbuch des InEK können diese nachvollzogen werden (InEK, 2014a).

Eine Eingruppierung in die Basis-PEPP PA04 findet statt, wenn die Bedingung vollstationär, im Bereich der Allgemeinpsychiatrie mit einer Hauptdiagnose aus dem Bereich der affektiven Störungen, phobischen und anderen Angst- oder Zwangsstörungen, somatoformen oder anderen neurotischen Störungen, dissoziativen Störungen, nichtorganischen oder organischen Schlafstörungen, Reaktionen auf schwere Belastungen und Anpassungsstörungen oder Störungen im Wochenbett gegeben ist. Die Reihenfolge der Grouper-Abfrage ist in Abbildung 6 grafisch dargestellt. Die PEPPs PA04C bis PA04A haben also eine gemeinsame Voraussetzung: eine Hauptdiagnose aus den zuvor genannten Bereichen. Beispielhaft für die affektiven Störungen ist u. a. die Diagnose „F32.1: Mittelgradige depressive Episode“. Mit dem Vorhandensein dieser Hauptdiagnose, keiner weiteren Diagnose und einem Alter von unter 65 Jahren würde eine Eingruppierung in die PA04C stattfinden (InEK, 2014a, S. 229).

PEPP	Bezeichnung	Anzahl Berechnungstage/ Vergütungsklasse	Bewertungsrelation je Tag
1	2	3	4
PA04A	Affektive, neurotische, Belastungs-, somatoforme und Schlafstörungen, Alter < 89 Jahre oder mit komplizierender Diagnose und Alter > 64 Jahre, oder mit komplizierender Konstellation oder mit hoher Therapieintensität	1	1,3163
		2	1,1650
		3	1,1602
		4	1,1521
		5	1,1440
		6	1,1359
		7	1,1278
		8	1,1197
		9	1,1116
		10	1,1034
		11	1,0953
		12	1,0872
		13	1,0791
		14	1,0710
		15	1,0629
		16	1,0548
PA04B	Affektive, neurotische, Belastungs-, somatoforme und Schlafstörungen, Alter < 90 Jahre, ohne komplizierende Konstellation, mit Mutter/Vater-Kind-Setting oder mit komplizierender Diagnose oder Alter > 64 Jahre	1	1,2105
		2	1,1114
		3	1,1045
		4	1,0964
		5	1,0878
		6	1,0791
		7	1,0704
		8	1,0618
		9	1,0531
		10	1,0444
		11	1,0358
		12	1,0271
		13	1,0185
		14	1,0098
		15	1,0011
		16	0,9925
		17	0,9838
		18	0,9751
PA04C	Affektive, neurotische, Belastungs-, somatoforme und Schlafstörungen, Alter < 65 Jahre, ohne komplizierende Konstellation, ohne komplizierende Diagnose	1	1,1909
		2	1,0734
		3	1,0233
		4	1,0145
		5	1,0061
		6	0,9977
		7	0,9892
		8	0,9808
		9	0,9724
		10	0,9639
		11	0,9555
		12	0,9471
		13	0,9386
		14	0,9302
		15	0,9218
		16	0,9133
		17	0,9049
		18	0,8965
		19	0,8880
		20	0,8796

Abbildung 5: Bewertungsrelationen bei vollstationärer Versorgung (InEK, 2014b, S. 5)

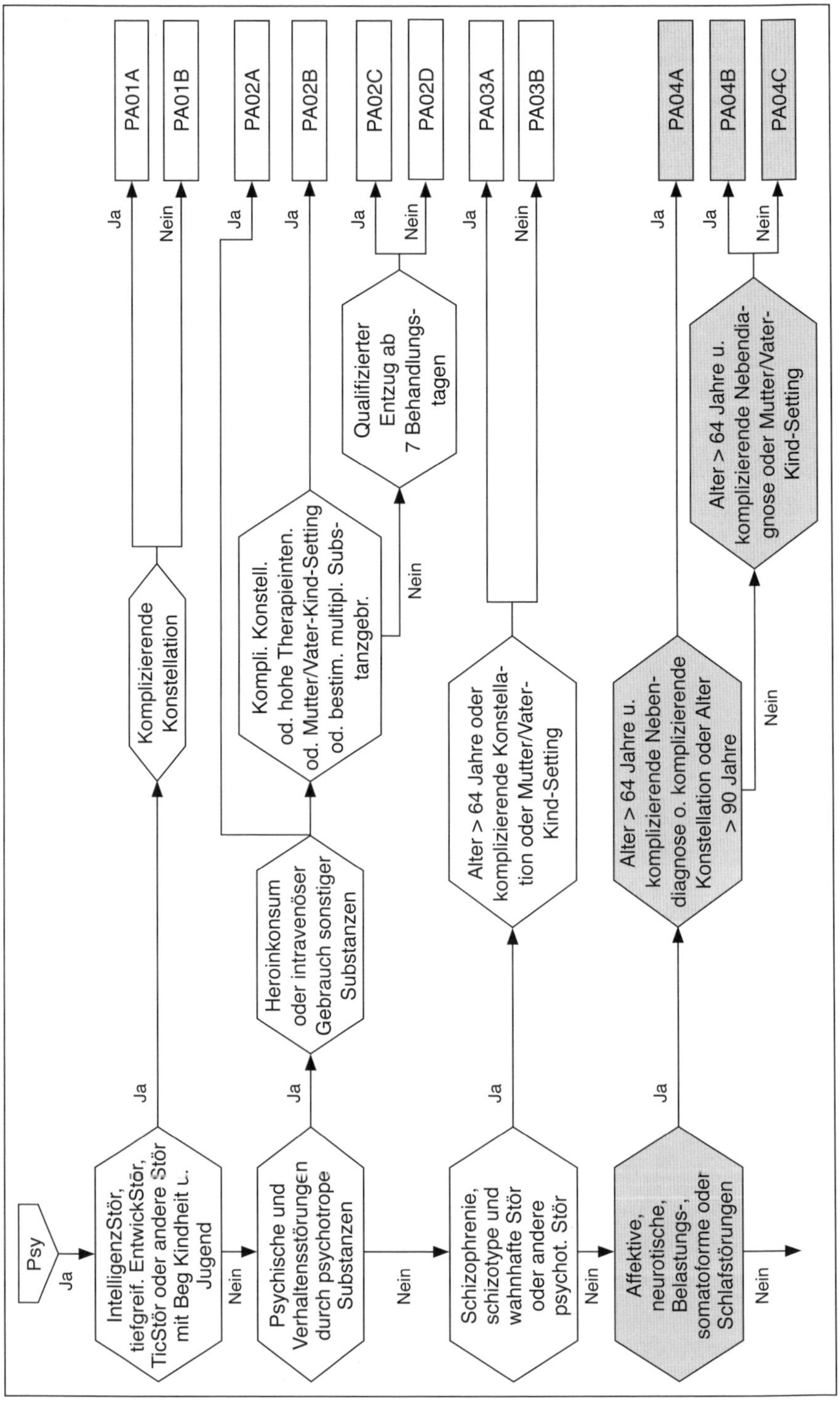

Abbildung 6: Grouper-Abfrage (InEK, 2014a, S. 207)

Die PEPP PA04C steht für: „Affektive, neurotische, Belastungs-, somatoforme und Schlafstörungen, Alter <65 Jahre, ohne komplizierende Konstellation, ohne komplizierende Diagnose“. Die Bewertungsrelation ist innerhalb der PEPPs

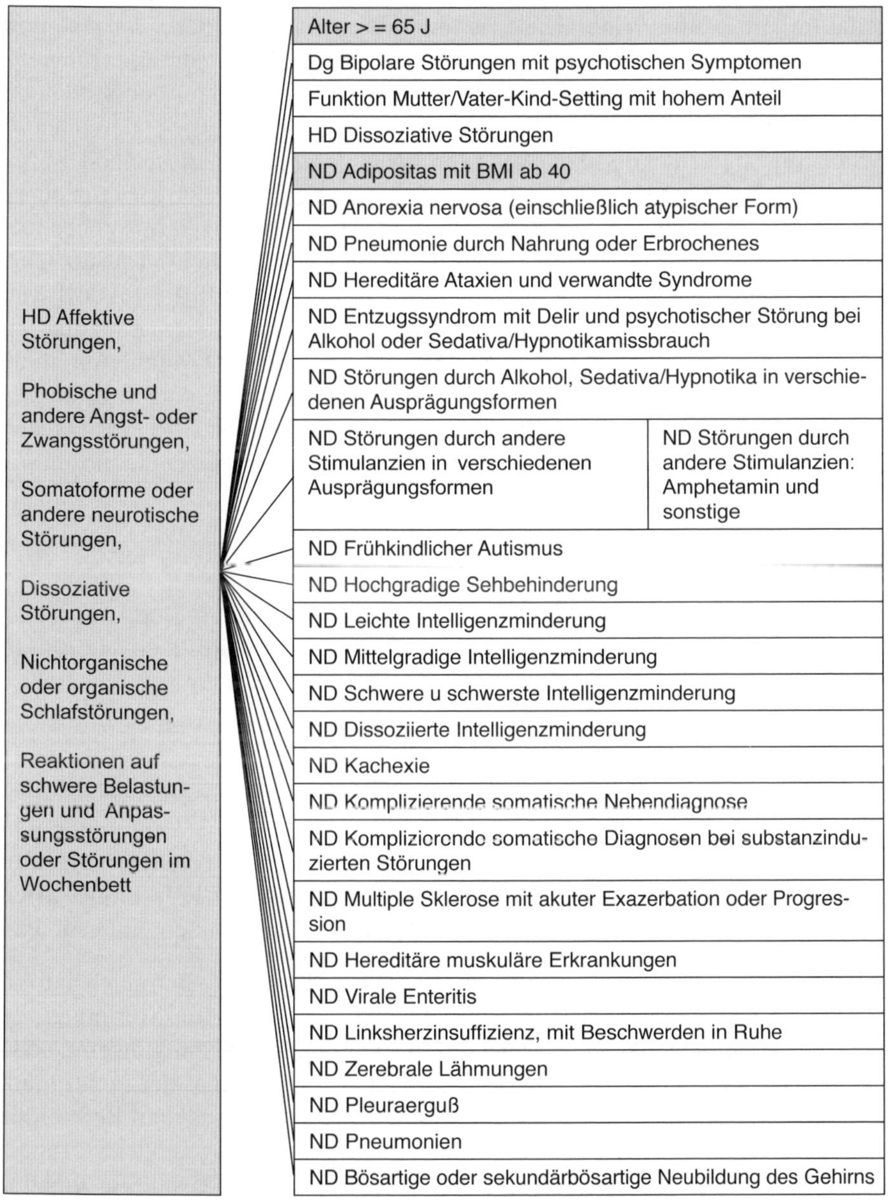

Anmerkungen: Dg = Diagnose; HD = Hauptdiagnose; ND = Nebendiagnose

Abbildung 7: PEPP PA04B (InEK; 2014a, S. 229)

PA04A bis PA04C am niedrigsten, da C für den dritthöchsten Ressourcenverbrauch (siehe auch Kapitel 4) steht.

Die PEPP PA04B (vgl. Abb. 7) steht für: „Affektive, neurotische, Belastungs-, somatoforme und Schlafstörungen, Alter <90 Jahre, ohne komplizierende Konstellation, mit Mutter/Vater-Kind-Setting oder mit komplizierender Diagnose oder Alter >64 Jahre“. Analog zu der PEPP PA04C gilt als Voraussetzung eine Hauptdiagnose aus dem Bereich der affektiven Störungen, der phobischen oder anderen Angst- oder Zwangsstörungen, der somatoformen oder anderen neurotischen Störungen, der dissoziativen Störungen, der nichtorganischen oder organischen Schlafstörungen sowie Diagnosen aus dem Bereich der Reaktionen auf schwere Belastungen und Anpassungsstörungen oder Störungen im Wochenbett (InEK 2014a, S. 229). Der Unterschied zur PEPP PA04C besteht in zusätzlichen Voraussetzungen. Ein Beispiel für die Gruppierung in die PEPP PA04B wäre die Hauptdiagnose „F32.1: Mittelgradige depressive Episode *und* ein Alter von über 65 Jahren“ (vgl. Abb. 7). Ein weiteres Beispiel für die Gruppierung in die PEPP PA04B wäre die Hauptdiagnose „F41.1 Generalisierte Angststörung *und* die Nebendiagnose E66.12 Arzneimittelinduzierte Adipositas: BMI 40 und mehr“ (InEK 2014a, S. 229; vgl. Abb. 7). Die weiteren möglichen Nebendiagnosen sind genauestens im Definitionshandbuch festgeschrieben.

Merke:

Die Vergütungsklassen der PEPP's unterscheiden sich in der Höhe ihrer Relativgewichte, das heißt nicht dokumentierte Nebendiagnosen und/oder nicht dokumentierte Therapieeinheiten, Intensivmerkmale usw. können finanzielle Einbußen bewirken.

Die PEPP PA04A (vgl. Abb. 8) steht für „Affektive, neurotische, Belastungs-, somatoforme und Schlafstörungen, Alter >89 Jahre oder mit komplizierender Diagnose und Alter >64 Jahre, oder mit komplizierender Konstellation oder mit erhöhter Therapieintensität“. Der Ressourcenverbrauch ist hier am höchsten, dementsprechend sind die Bewertungsrelationen verhältnismäßig am größten.

Wie bereits bei der PEPP PA04C und PA04B erläutert, gelten auch bei der PA04A die Hauptdiagnosen aus den Bereichen der affektiven Störungen, der phobischen oder anderen Angst- oder Zwangsstörungen, der somatoformen oder anderen neurotischen Störungen, der dissoziativen Störungen, der nichtorganischen oder organischen Schlafstörungen sowie Diagnosen aus dem Bereich der Reaktionen auf schwere Belastungen und Anpassungsstörungen oder Störungen im Wochenbett als Voraussetzung. Beispielhaft für die affektiven Störungen ist u. a. die Diagnose „F32.1: Mittelgradige depressive Episode“, welche als Hauptdiagnose in die Basis-PEPP PA04 führt. Eine Eingruppierung in die PEPP PA04A setzt jedoch weitere Kriterien voraus (vgl. Abb. 8).

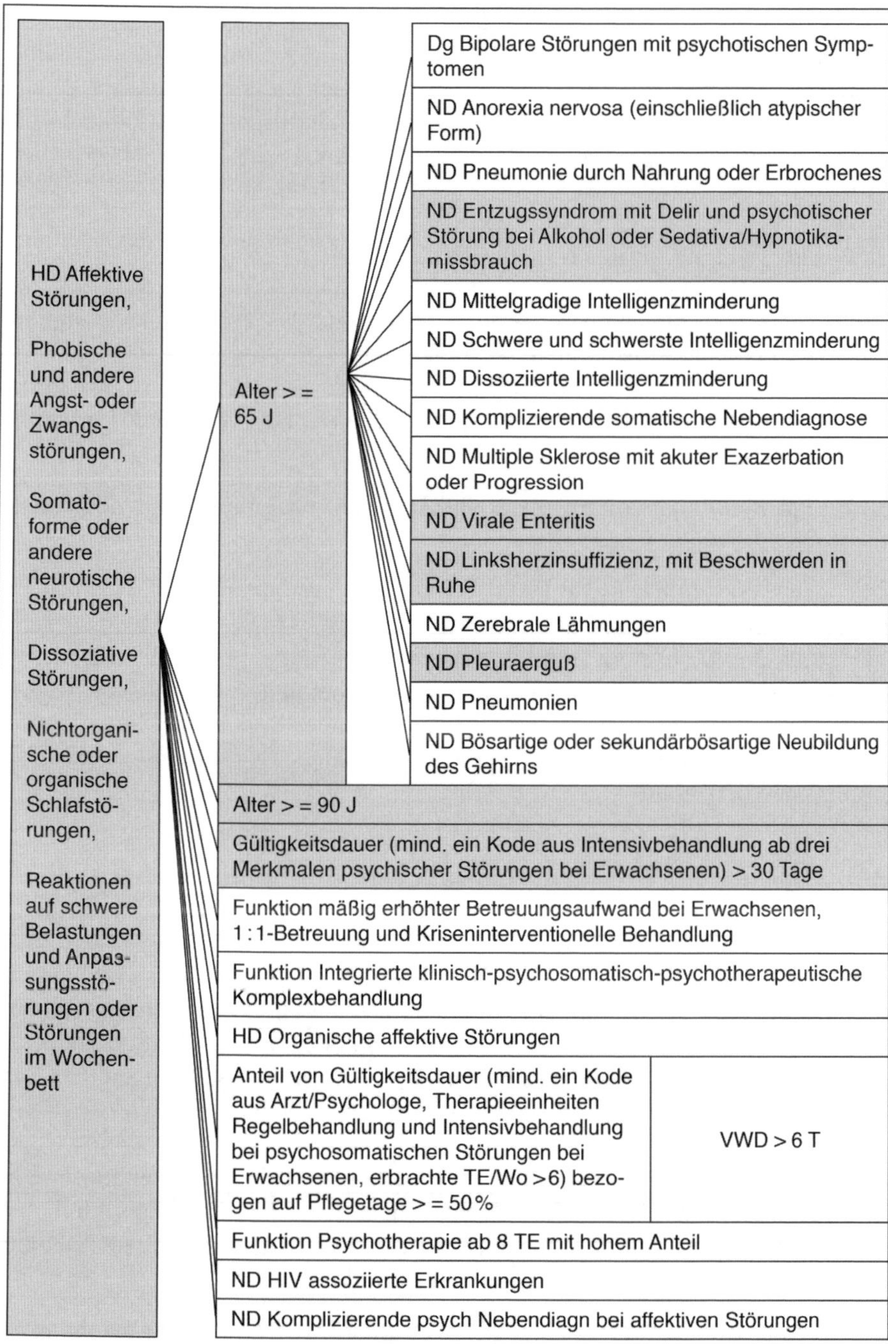

Anmerkungen: Dg = Diagnose; HD = Hauptdiagnose; ND = Nebendiagnose; VWD = Verweildauer

Abbildung 8: PEPP PA04A (InEK 2014a, S. 228)

Ein Weg in die PEPP PA04A geht über die (vgl. InEK 2014a, S. 228):

- Hauptdiagnose aus dem Bereich affektive Störungen, phobische und andere Angst- oder Zwangsstörungen, somatoforme oder andere neurotische Störungen, dissoziative Störungen, nichtorganische oder organische Schlafstörungen, Reaktionen auf schwere Belastungen und Anpassungsstörungen oder Störung im Wochenbett

und

- das Alter, welches größer oder gleich 65 Jahre ist

und

- eine komplizierende Nebendiagnose. Dabei sind die möglichen Nebendiagnosen im Diagnosenhandbuch genau definiert, z. B. Pleuraerguss, Linksherzinsuffizienz, mit Beschwerden in Ruhe, virale Enteritis oder Entzugssyndrom mit Delir und psychotischer Störung bei Alkohol oder Sedativa/Hypnotikamissbrauch (vgl. Abb. 8).

Hierbei spielt vor allem die korrekte Kodierung der Haupt- und auch der Nebendiagnosen eine große Rolle.

Ein anderer Weg in die PEPP PA04A setzt sich zusammen aus der (vgl. InEK 2014a, S. 233):

- Hauptdiagnose aus dem Bereich affektive Störungen, phobische und andere Angst- oder Zwangsstörungen, somatoforme oder andere neurotische Störungen, dissoziative Störungen, nichtorganische oder organische Schlafstörungen, Reaktionen auf schwere Belastungen und Anpassungsstörungen oder Störung im Wochenbett

und

- dem Alter, welches größer oder gleich 90 Jahre ist (vgl. Abb. 8).

Ein weiterer Pfad in die PEPP PA04A ergibt sich durch die Erfüllung der Kriterien (vgl. InEK 2014a, S. 233):

- Hauptdiagnose aus dem Bereich affektive Störungen, phobische und andere Angst- oder Zwangsstörungen, somatoforme oder andere neurotische Störungen, dissoziative Störungen, nichtorganische oder organische Schlafstörungen, Reaktionen auf schwere Belastungen und Anpassungsstörungen oder Störung im Wochenbett

und

- die Gültigkeitsdauer (mindestens ein Kode aus der Intensivbehandlung ab 3 Merkmalen bei psychischen und psychosomatischen Störungen und Verhaltensstörungen bei Erwachsenen > 30 Tage) (vgl. Abb. 8). Die OPS-Kodes sind ebenfalls im Definitionshandbuch zu finden.

Diese Definition der Gültigkeitsdauer nach InEK (2014a, S. 228) beinhaltet in diesem Beispiel, dass OPS-Kodes aus dem Bereich der Intensivbehandlung ab 3 Merkmalen an über 30 Tagen gültig waren. Die Definitionen zu den OPS-Kodes sind beim Deutschen Institut für medizinische Dokumentation und Informationen (DIMDI) zu finden. Im Hinblick auf die Intensivbehandlung bei psychischen und psychosomatischen Störungen und Verhaltensstörungen bei Erwachsenen findet sich im Operationen- und Prozedurenschlüssel (OPS) die genaue Definition der Intensivbehandlung sowie der Kriterien, die ein Patient aufweisen muss, um das Merkmal zu erfüllen (DIMDI 2014a, vgl. Tab. 1 und Vorlage im Anhang auf S. 79).

Tabelle 1: Merkmale der Intensivbehandlung bei psychischen und psychosomatischen Störungen und Verhaltensstörungen bei Erwachsenen (vgl. DIMDI, 2014a)

Merkmale der Intensivbehandlung	Kriterien
1. Anwendung von besonderen Sicherungsmaßnahmen	Dieses Merkmal ist erfüllt, wenn die Notwendigkeit des Einsatzes von individuellen besonderen Sicherungsmaßnahmen oder stete Bereitschaft dazu besteht. Diese Sicherungsmaßnahmen und die stete Bereitschaft dazu müssen von einer intensivierten Beziehungsarbeit begleitet werden.
2. Akute Selbstgefährdung durch Suizidalität oder schwer selbstschädigendes Verhalten	Das Merkmal „Suizidalität" ist erfüllt, wenn die Gedanken des Patienten nur noch um Suizid kreisen oder der Patient seinen Plan durchführen möchte und der Patient nicht absprachefähig ist.
3. Akute Fremdgefährdung	Dieses Merkmal ist erfüllt, wenn der Patient gewaltbereit oder gewalttätig ist.
4. Schwere Antriebsstörung (gesteigert oder reduziert)	Das Merkmal „schwere gesteigerte Antriebsstörung" ist erfüllt, wenn der Patient ständig aktiv ist, sich durch Gegenargumente nicht beeindrucken lässt und selbst persönliche Konsequenzen nicht zur Kenntnis nimmt oder sie ihm nichts ausmachen. Das Merkmal „schwere reduzierte Antriebsstörung" ist erfüllt, wenn Anregungen von außen den Patienten kaum oder gar nicht mehr erreichen. Die Alltagsverrichtungen sind beeinträchtigt. Hierzu gehört auch der Stupor.
5. Keine eigenständige Flüssigkeits-/Nahrungsaufnahme	Dieses Merkmal ist erfüllt, wenn die Ernährung vollkommen von Dritten übernommen werden muss (nicht bei alleiniger Sondenernährung oder alleiniger parenteraler Ernährung).
6. Akute Selbstgefährdung durch fehlende Orientierung oder Realitätsverkennung	Akute Selbstgefährdung durch fehlende Orientierung oder Realitätsverkennung
7. Entzugsbehandlung mit Vitalgefährdung durch somatische Komplikationen	Dieses Merkmal ist erfüllt, wenn eine Überwachung der Vitalparameter und der Vigilanz engmaschig erfolgt.

Es ist von besonderer Bedeutung, dass diese Merkmale genau dokumentiert sind. Insbesondere bei schwer kranken Patienten besteht die Gefahr, durch eine unzureichende Dokumentation eine Mindervergütung zu beziehen.

Sowohl die korrekte Kodierung der Haupt- und Nebendiagnosen als auch die Abbildung der korrekten Inhalte der Operationen- und Prozedurenkodes gewinnt im PEPP-Entgeltsystem enorm an Bedeutung.

4.4 Welchen Einfluss hat die Dokumentation auf die Vergütung nach dem PEPP-Entgeltsystem? – Beispiel Kinder- und Jugendpsychiatrie

Kerstin Sehmer-Kurz und Barbara Kunze

Analog der Erwachsenenpsychiatrie und Psychosomatik ist die Dokumentation im Bereich der Kinder- und Jugendpsychiatrie ebenfalls von erheblicher Relevanz. Für jede PEPP gibt es verschiedene Voraussetzungen, die in dem jährlich erscheinenden Definitionshandbuch des InEK nachvollzogen werden können. Am Beispiel der PEPP PK14A, PK14B und PK14C soll der Einfluss der Dokumentation verdeutlicht werden.

Die „Verhaltensstörungen mit Beginn in der Kindheit und Jugend, Persönlichkeits- und Verhaltensstörungen oder andere Störungen, Alter 8–13 Jahre, ohne komplizierende Nebendiagnosen, ohne Einzel- und Kleinstgruppenbetreuung mit erhöhtem Aufwand" ist die Voraussetzung für die PK14B. Sie ist definiert durch Hauptdiagnosen aus den Bereichen der sexuellen Funktionsstörungen, Störungen der Geschlechtsidentität, der Sexualpräferenz oder der sexuellen Entwicklung und Orientierung, der hyperkinetischen Störungen, kombinierten Störungen des Sozialverhaltens und der Emotionen, Störungen des Sozialverhaltens oder sozialer Funktionen, abnorme Gewohnheiten und Störungen der Impulskontrolle, Persönlichkeitsstörungen oder andauernde Persönlichkeitsänderungen. Beispielhaft für die hyperkinetischen Störungen ist u.a. die Diagnose „F90.1: Hyperkinetische Störung des Sozialverhaltens". Allein mit dieser Hauptdiagnose und einem Alter von 8–13 Jahre würde eine Eingruppierung in die PEPP PK14B stattfinden. Ab dem Alter von 14 Jahren würde bei einer dieser Konstellationen die Eingruppierung in die PK14C erfolgen.

Die PEPP PK14A steht für „Verhaltensstörungen mit Beginn in der Kindheit und Jugend, Persönlichkeits- und Verhaltensstörungen oder andere Störungen, Alter < 8 Jahre, oder mit komplizierenden Nebendiagnosen oder mit Einzel- und Kleinstgruppenbetreuung mit erhöhtem Aufwand" (vgl. InEK 2014a, S. 143). Der

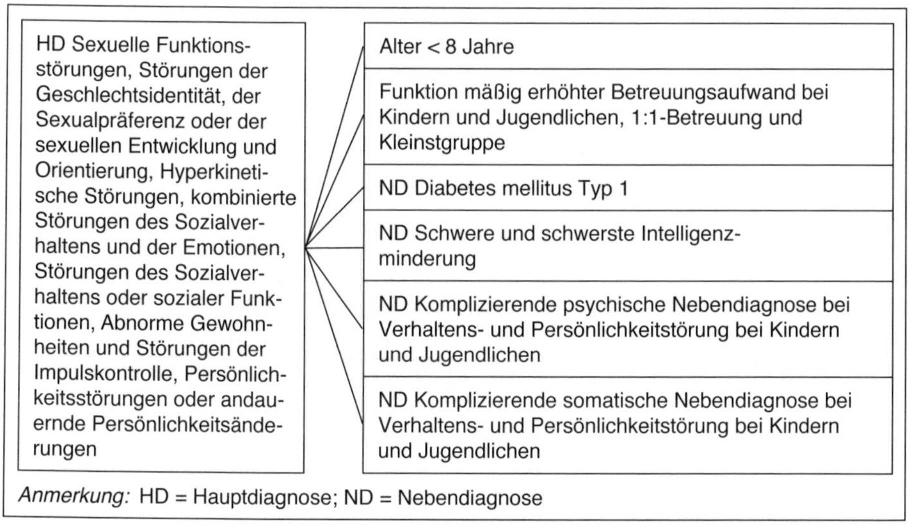

Abbildung 9: PEPP PK14A (vgl. InEK 2014a, S. 143)

Ressourcenverbrauch ist hier der höchste, dementsprechend sind die Bewertungsrelation und die Vergütung hier am größten (vgl. Abb. 9).

Eine Hauptdiagnose aus den genannten Bereichen führt somit in die Basis-PEPP PK14. Die Eingruppierung in die PEPP PK14A setzt verschiedene weitere Kriterien voraus (vgl. Abb. 9).

Die PEPP PK14A wird über die genannten Hauptdiagnosen (vgl. InEk 2014a, S. 143) und eine der folgenden Funktionen ausgelöst:

- das Alter, welches kleiner 8 Jahre ist;
- mäßig erhöhter Betreuungsaufwand bei Kindern- und Jugendlichen, 1 : 1 Betreuung;
- verschiedene Nebendiagnosen.

Die Definitionen zu den OPS-Kodes sind beim deutschen Institut für medizinische Dokumentation (DIMDI) zu finden. Im Hinblick auf die Intensivbehandlung sind dort die Definitionen der verschiedenen Merkmale festgelegt (vgl. Tab. 2).

Auch im Bereich der Kinder- und Jugendpsychiatrie gilt, dass es wichtig ist, insbesondere bei schwer kranken Patienten diese Merkmale der Intensivbehandlung genau zu dokumentieren, da ansonsten die Gefahr besteht, durch eine unzureichende Dokumentation eine Mindervergütung zu beziehen.

Tabelle 2: Merkmale der psychiatrisch-psychosomatischen Intensivbehandlung bei psychischen und psychosomatischen Störungen und Verhaltensstörungen bei Kindern und Jugendlichen (vgl. DIMDI, 2014b)

Merkmale der Intensivbehandlung	Kriterien
1. Deutlich erhöhter Pflegeaufwand	Die Patienten benötigen deutlich über das altersübliche Maß hinaus Unterstützung bei Aktivitäten des täglichen Lebens im Sinne intensiver pflegerischer Maßnahmen (z. B. Unterstützung bei der Nahrungsaufnahme, bei Hygienemaßnahmen, bei Bettlägerigkeit oder bei anderen schweren körperlichen Einschränkungen/Erkrankungen und Behinderungen (auch Behinderungen der Sinnesorgane); und/oder sie benötigen Aktivierung zum Aufstehen und zur Teilnahme am Gruppenleben); oder sie benötigen kontinuierliche Überwachung wegen drohender somatischer Dekompensation bei vitaler Gefährdung (z. B. Herzrhythmusstörungen oder Elektrolytentgleisungen durch unzureichende Nahrungsaufnahme bei Anorexia nervosa) oder bei Stoffwechselstörung oder Intoxikation.
2. Erhöhter Einzelbetreuungsaufwand wegen mangelnder Gruppenfähigkeit	Die Patienten sind störungsbedingt nicht gruppenfähig (z. B. wegen hoher Impulsivität, hohem Erregungsniveau, Manipulationen und Bedrohungen von Mitpatienten, Manipulation mit Nahrung, Schutz vor Reizüberflutung), so dass sie von der Gruppe separiert werden müssen, enge Führung oder ständige Ansprache brauchen.
3. Selbstgefährdung	Die Patienten sind nicht absprachefähig oder ihr Verhalten ist nicht vorhersehbar; sie sind störungsbedingt nicht in der Lage, auch nur für kurze Zeit für sich Verantwortung zu übernehmen.
4. Fremdaggressives Verhalten mit deutlicher Beeinträchtigung des Gruppenmilieus	Die Patienten zeigen fremdaggressives Verhalten wie Zerstören von Gegenständen, Bespucken von Mitpatienten und Mitarbeitern, massive Bedrohungen von Mitpatienten und/oder Mitarbeitern oder Tätlichkeiten, sofern nicht mit Einzelbetreuung oder Freiheitseinschränkung separiert oder deeskaliert wird.
5. Störungsbedingt nicht einschätzbarer nicht kooperationsfähiger Patient	Die Patienten zeigen stark wechselhafte Zustände oder Desorientierung oder z. B. psychosebedingte Nicht-Erreichbarkeit; oder sie sind nicht erreichbar für Kooperation, verweigern sich allem, zeigen in keinem Bereich der Klinik Regelakzeptanz.

Tabelle 2: Merkmale

Merkmale der Intensivbehandlung	Kriterien
6. Erforderliche Maßnahmen zur Gefahrabwendung	Die Patienten benötigen Maßnahmen wie z. B. Isolierung, Fixierung, Festhalten, Zwangsmedikation, Zwangssondierung, Beschränken des Aktionsradius auf die Station bei geschlossener Tür oder es muss stete Bereitschaft dazu und Verfügbarkeit dieser Maßnahmen bestehen, sofern nicht durch hohen Einsatz deeskaliert werden kann.
7. Substanzbedingt erhöhter Betreuungsbedarf	Kontinuierliches Alkohol- oder Drogencraving mit starker Unruhe oder akuter, auch protrahierter Alkohol- oder Drogenentzug

4.5 Wöchentliche multiprofessionelle Teambesprechung

Merke: Multiprofessionelle Teambesprechung

Bei der wöchentlichen multiprofessionellen Teambesprechung handelt es sich um eine Fallbesprechung zur Beratung des weiteren Behandlungsverlaufes bei einem Patienten. Sie findet unter Beteiligung der verschiedenen an der Behandlung des Patienten beteiligten Berufsgruppen und unter Supervision eines Facharztes der entsprechenden Fachabteilung statt.

Im klinischen Alltag findet die wöchentliche multiprofessionelle Teambesprechung häufig in Form einer Kurvenvisite oder einer Visitenvorbesprechung statt. Sie wird in zahlreichen Einrichtungen bereits regelmäßig durchgeführt und eignet sich daher auch gut dafür, das berufsgruppenübergreifende Dokumentationskonzept kontinuierlich umzusetzen.

Erwachsenenpsychiatrie

In der OPS-Version 2015 ist die wöchentliche Durchführung einer multiprofessionellen Teambesprechung nicht mehr für die Kodes „Behandlung bei psychischen und psychosomatischen Störungen und Verhaltensstörungen bei Erwachsenen“ gefordert. Dennoch erscheint es sinnvoll, dies in der Klinik durchzuführen und somit den Mitarbeitern und den Dokumentationssystem Struktur und Regelmäßigkeit zu geben.

Kinder- und Jugendpsychiatrie

In der Kinder- und Jugendpsychiatrie findet sich in der Definition für die „psychiatrisch-psychosomatische Regelbehandlung bei psychischen und psychosomatischen Störungen und Verhaltensauffälligkeiten bei Kindern und Jugendlichen" (vgl. OPS 9-65 sowie OPS 9-66, DIMDI, 2014b) der Hinweis, dass eine wöchentliche multiprofessionelle Teambesprechung oder eine ausführliche multiprofessionelle Behandlungsplanung alle vier Wochen zur Auslösung eines Kodes aus diesem Bereich (bei Aufenthalten von mehr als 6 Tagen) gefordert wird. Bei der „psychiatrisch-psychosomatischen Intensivbehandlung bei psychischen und psychosomatischen Störungen und Verhaltensauffälligkeiten bei Kindern und Jugendlichen (vgl. OPS 9-67) wird eine multiprofessionelle Teambesprechung pro Woche (bei Aufenthalten von mehr als 6 Tagen) gefordert.

5 Psychiatrische und psychosomatische Dokumentation mit Hilfe des BI-Doku-Bogens und des Primär-Doku-Bogens

Um ein berufsgruppenübergreifendes Dokumentationskonzept einzuführen, wurden zwei Dokumentationsformulare entwickelt:

- Der Betreuungsintensitäts-Dokumentations-Bogen (= BI-Doku-Bogen) ermöglicht eine Einstufung der Patienten nach Behandlungsart und Betreuungsintensität und somit eine lückenlose Darstellung der Fallschwere.
- Der Primär-Doku-Bogen enthält eine Reihe von Schlagworten, Fachbegriffen, Merkmalen und Symptomen nach ICD-10 GM 2012 und unterstützt den Anwender bei der Dokumentation, indem er die Erfassung sowie Formulierung der Dokumentation erleichtert.

Die Dokumentationsbögen sind nicht als strikte Vorgabe anzusehen, vielmehr bilden sie den kleinsten gemeinsamen Nenner der seitens Krankenhausgesellschaften und Kostenträgern konsentierten Nomenklaturen (v. a. ICD-10, OPS und Betreuungsintensitätsmodell).

Auf der dem Buch beiliegenden CD-ROM befinden sich PDF-Dateien der beiden Bögen. Diese können ausgedruckt und vervielfältigt werden.

5.1 BI-Doku-Bogen: Bereich Regel- oder Intensivbehandlung

Die Einstufung im Bereich der Behandlungsart ist insofern von Bedeutung als dass die Intensivbehandlung ab 3 Merkmalen im PEPP-Entgeltsystem 2015 einen Kostentrenner im neuen Entgeltsystem darstellt. Wenn stationäre Patienten eine besonders intensive Betreuung benötigen, sollte das Leistungsgeschehen auch dementsprechend abgebildet und letztendlich sachgerecht vergütet werden. Im Umkehrschluss müssen Patienten, welche sich in einer Intensivbehandlung befanden und dies gegenwärtig nicht mehr sind, ebenso in den Bereich der Regelbehandlung eingestuft werden. Der BI-Doku-Bogen soll für diese Einstufung sensibilisieren und als Unterstützung fungieren. Er enthält die Option der Regel- oder Intensivbehandlung und erfasst die sieben Intensivmerkmale nach DIMDI (2014a) (vgl. Abb. 10).

Datum:	___	___	___	___
Regelbehandlung (R)/Intensivbehandlung (I)	□R □I	□R □I	□R □I	□R □I
Wenn Intensivbehandlung (I), bitte zutreffende Merkmale ankreuzen:				
1. Anwendung von besonderen Sicherungsmaßnahmen	□	□	□	□
2. Akute Selbstgefährdung durch Suizidalität oder schwer selbstschädigendes Verhalten	□	□	□	□
3. Akute Fremdgefährdung	□	□	□	□
4. Schwere Antriebsstörung (gesteigert oder reduziert)	□	□	□	□
5. Keine eigenständige Flüssigkeits-/Nahrungsaufnahme	□	□	□	□
6. Akute Selbstgefährdung durch fehlende Orientierung oder Realitätsverkennung	□	□	□	□
7. Entzugsbehandlung mit Vitalgefährdung durch somatische Komplikationen	□	□	□	□
Handzeichen:	___	___	___	___

Abbildung 10: Auszug aus dem BI-Doku-Bogen – Abschnitt Regel- und Intensivbehandlung

5.2 BI-Doku-Bogen: Bereich Betreuungsintensität

Zur Einschätzung und Unterscheidung des Aufwands bei der Betreuung eines Patienten steht das Betreuungsintensitätsmodell (BIM) zur Verfügung. Das BIM wurde durch die Fachverbände der Psychiatrie und Psychosomatik in Abstimmung mit dem InEK entwickelt. Es dient den Kalkulationshäusern zur Einzelkostenkalkulation. Im Bereich der Kalkulationshäuser findet eine tägliche Einstufung der Betreuungsintensität durch die verschiedenen Berufsgruppen statt. Das Gewichtungsmodell beruht auf der Annahme, „dass der erforderliche Behandlungsaufwand durch das Personal aus dem Ausprägungsgrad bestimmter Merkmale oder Verhaltensweisen eines Patienten resultiert. Diese Merkmale oder Verhaltensweisen unterliegen im Behandlungsverlauf mehr oder weniger großen Schwankungen, so dass bei der Gewichtung jeder Pflegetag separat betrachtet wird" (InEK, 2012a, S. 1).

Das Betreuungsintensitätsmodell beruht auf einem bio-psycho-sozialem Modell der Krankheitsentstehung. Anhand von Fallbeispielen wird eine Einstufung hinsichtlich der Bereiche psychischer, somatischer und sozialer Aufwand vorgenommen (vgl. Abb. 11). Die Einstufung im BI-Bogen in Anlehnung an das Betreuungsintensitätsmodell (vgl. InEK, 2012a) ist nicht zuletzt durch dessen Praxisorientierung sowie die Differenziertheit der Fallbeispiele gut umsetzbar.

In der Einführungsphase des Dokumentationssystems ist es empfehlenswert, die Einstufungen auf dem BI-Doku-Bogen hinsichtlich der Behandlungsart und Betreuungsintensität innerhalb der wöchentlichen Teambesprechungen vorzunehmen. Sobald die verschiedenen Mitarbeiter mit der Systematik vertraut sind, kann die Einstufung immer feingranularer – beispielsweise täglich – erfolgen. Es können vier Einstufungen auf einem Bogen vorgenommen werden. Dieses Vorgehen ermöglicht eine lückenlose Darstellung der Fallschwere.

Fallbeispiele

Im Folgenden werden Auszüge aus einigen Fallbeispielen aus dem BIM dargestellt sowie in den Abbildungen 11 bis 16 die entsprechende Dokumentation im BI-Doku-Bogen. Weitere Fallbeispiele sind im Anhang des Buches (vgl. ab S. 77) aufgeführt (InEK, 2012b, S. 2–8):

- *Fallbeispiel I: Psychisch begründeter Aufwand – deutlich erhöht*
  Klinikbereich: Psychiatrie und Psychotherapie: „Eine manische Patientin beleidigt immer wieder das Personal und Mitpatienten. Sie ist dabei nicht körperlich übergriffig, wird aber als bedrohlich erlebt. Das Personal ist immer wieder damit beschäftigt, sich der Patientin zuzuwenden, sie dabei von anderen Patienten abzuschirmen und/oder beruhigend mit ihr zu sprechen" (InEK, 2012b, S. 3).

Die entsprechende Dokumentation im BI-Doku-Bogen zeigt Abbildung 11.

Gewichtung der Betreuungsintensität (BI)			
Datum: ______________	1 Kein erhöhter Aufwand	2 Deutlich erhöhter Aufwand	3 Stark erhöhter Aufwand
Psychisch begründeter Aufwand	☐ **1 Punkt**	☒ **3 Punkte**	☐ **5 Punkte**
Somatisch begründeter Aufwand	☐ **1 Punkt**	☐ **3 Punkte**	☐ **5 Punkte**
Sozial begründeter Aufwand	☐ **1 Punkt**	☐ **2 Punkte**	☐ **3 Punkte**
	Gesamt: ______________		**Handzeichen:** ______________

Abbildung 11: Auszug aus dem BI-Doku-Bogen – Abschnitt Gewichtung der Betreuungsintensität – Beispiel für „Psychisch begründeter Aufwand – deutlich erhöht"

- *Fallbeispiel II: Psychisch begründeter Aufwand – stark erhöht*
  Klinikbereich: Psychiatrie und Psychotherapie: „Ein psychotischer Patient verkennt die Situation auf der Station und wird von Stimmen gequält. Er ist immer wieder über lange Phasen äußerst gereizt und verbal aggressiv. Weiterhin besteht eine Fremdaggressivität, die sich durch schlagen gegen die Wand zum Abbau innerer Anspannung ausdrückt. Es besteht ein hoher multiprofessioneller Betreuungsaufwand mit vielen ärztlichen und pflegerischen Kontakten, um immer wieder einen korrigierenden und Orientierung gebenden Realitätsbezug gemeinsam mit dem Patienten herzustellen" (InEK, 2012b, S. 4).

Abbildung 12 zeigt die entsprechende Dokumentation im BI-Doku-Bogen.

- *Fallbeispiel III: Somatisch begründeter Aufwand – deutlich erhöht*
  Klinikbereich: Psychiatrie und Psychotherapie, Psychosomatik, Kinder- und Jugendpsychiatrie: „Mehrere lebenspraktische Aktivitäten (z. B. Körperpflege, Ausscheidung, Nahrungszubereitung und Nahrungsaufnahme, Mobi-

lität) müssen umfänglich assistiert oder übernommen werden. Einzig eine verbale Unterstützung reicht aber nicht aus, damit der Patient die notwendigen Tätigkeiten (z. B. Anziehen) ausführt, sondern es muss zumindest in Teilbereichen auch eine pflegerische Intervention durchgeführt werden" (InEK, 2012b, S. 5).

Die entsprechende Dokumentation im BI-Doku-Bogen kann Abbildung 13 entnommen werden.

Gewichtung der Betreuungsintensität (BI)			
Datum: ____________	1 Kein erhöhter Aufwand	2 Deutlich erhöhter Aufwand	3 Stark erhöhter Aufwand
Psychisch begründeter Aufwand	☐ 1 Punkt	☐ 3 Punkte	☒ 5 Punkte
Somatisch begründeter Aufwand	☐ 1 Punkt	☐ 3 Punkte	☐ 5 Punkte
Sozial begründeter Aufwand	☐ 1 Punkt	☐ 2 Punkte	☐ 3 Punkte
	Gesamt: ____________		Handzeichen: ____________

Abbildung 12: Auszug aus dem BI-Doku-Bogen – Abschnitt Gewichtung der Betreuungsintensität – Beispiel für „Psychisch begründeter Aufwand – stark erhöht"

Gewichtung der Betreuungsintensität (BI)			
Datum: ____________	1 Kein erhöhter Aufwand	2 Deutlich erhöhter Aufwand	3 Stark erhöhter Aufwand
Psychisch begründeter Aufwand	☐ 1 Punkt	☐ 3 Punkte	☐ 5 Punkte
Somatisch begründeter Aufwand	☐ 1 Punkt	☒ 3 Punkte	☐ 5 Punkte
Sozial begründeter Aufwand	☐ 1 Punkt	☐ 2 Punkte	☐ 3 Punkte
	Gesamt: ____________		Handzeichen: ____________

Abbildung 13: Auszug aus dem BI-Doku-Bogen – Abschnitt Gewichtung der Betreuungsintensität – Beispiel für „Somatisch begründeter Aufwand – deutlich erhöht"

- *Fallbeispiel IV somatisch begründeter Aufwand – stark erhöht Klinikbereich: Psychiatrie und Psychotherapie, Psychosomatik:* „Die überwiegende Zahl der lebenspraktischen Aktivitäten (z. B. Körperpflege, Ausscheidung, Nahrungszubereitung und Nahrungsaufnahme, Mobilität) eines Patienten muss nahezu vollständig übernommen werden" (InEK, 2012b, S. 5).

Abbildung 14 veranschaulicht die entsprechende Dokumentation im BI-Doku-Bogen.

Gewichtung der Betreuungsintensität (BI)			
Datum: ____________	1 Kein erhöhter Aufwand	2 Deutlich erhöhter Aufwand	3 Stark erhöhter Aufwand
Psychisch begründeter Aufwand	☐ 1 Punkt	☐ 3 Punkte	☐ 5 Punkte
Somatisch begründeter Aufwand	☐ 1 Punkt	☐ 3 Punkte	☒ 5 Punkte
Sozial begründeter Aufwand	☐ 1 Punkt	☐ 2 Punkte	☐ 3 Punkte
	Gesamt: ________	Handzeichen: ________	

Abbildung 14: Auszug aus dem BI-Doku-Bogen – Abschnitt Gewichtung der Betreuungsintensität – Beispiel für „Somatisch begründeter Aufwand – stark erhöht"

- *Fallbeispiel V: Sozial begründeter Aufwand – deutlich erhöht:*
  Klinikbereich: Psychiatrie und Psychotherapie, Psychosomatik: „Patient kann nicht mehr an den alten Arbeitsplatz zurückkehren, wäre an einem seinen Fähigkeiten angepassten Arbeitsplatz aber noch vollzeitig arbeitsfähig. Die berufliche Arbeit ist für die Stabilisierung der psychischen Erkrankung von großer Bedeutung. Es bedarf zahlreicher sozialarbeiterischer Interventionen mit persönlichen Kontakten mit dem Arbeitgeber, um eine berufliche Perspektive zu entwickeln" (InEK, 2012b, S. 5).

Die entsprechende Dokumentation im BI-Doku-Bogen zeigt Abbildung 15.

Gewichtung der Betreuungsintensität (BI)			
Datum: ____________	1 Kein erhöhter Aufwand	2 Deutlich erhöhter Aufwand	3 Stark erhöhter Aufwand
Psychisch begründeter Aufwand	☐ 1 Punkt	☐ 3 Punkte	☐ 5 Punkte
Somatisch begründeter Aufwand	☐ 1 Punkt	☐ 3 Punkte	☐ 5 Punkte
Sozial begründeter Aufwand	☐ 1 Punkt	☒ 2 Punkte	☐ 3 Punkte
	Gesamt: ________	Handzeichen: ________	

Abbildung 15: Auszug aus dem BI-Doku-Bogen – Abschnitt Gewichtung der Betreuungsintensität – Beispiel für „Sozial begründeter Aufwand – deutlich erhöht"

- *Fallbeispiel VI: Sozial begründeter Aufwand – stark erhöht*
  Klinikbereich: Psychiatrie und Psychotherapie, Psychosomatik: „Patient hat sich durch seine Erkrankung in eine völlig desolate soziale Situation gebracht. Er verfügt über keinen Arbeitsplatz und/oder die Wohnung droht verloren zu gehen. Schulden habe bereits zu vom Patienten nicht beachteten gerichtlichen Mahnverfahren geführt. Anträge auf soziale Unterstützung sind bis jetzt noch nicht gestellt. Die noch minderjährigen Kinder des alleinerziehenden Patien-

ten drohen zunehmend zu verwahrlosen. Es sind ständige Interventionen des Sozialen Dienstes mit täglicher Abstimmung im Behandlungsteam erforderlich“ (InEK, 2012b, S. 5).

Die entsprechende Dokumentation im BI-Doku-Bogen kann Abbildung 16 entnommen werden.

Gewichtung der Betreuungsintensität (BI)			
Datum: ______________	1 Kein erhöhter Aufwand	2 Deutlich erhöhter Aufwand	3 Stark erhöhter Aufwand
Psychisch begründeter Aufwand	☐ 1 Punkt	☐ 3 Punkte	☐ 5 Punkte
Somatisch begründeter Aufwand	☐ 1 Punkt	☐ 3 Punkte	☐ 5 Punkte
Sozial begründeter Aufwand	☐ 1 Punkt	☐ 2 Punkte	☒ 3 Punkte
	Gesamt: __________		Handzeichen: __________

Abbildung 16: Auszug aus dem BI-Doku-Bogen – Abschnitt Gewichtung der Betreuungsintensität – Beispiel für „Sozial begründeter Aufwand – stark erhöht“

5.3 Primär-Doku-Bogen Psychiatrie

Der „Primär-Doku-Bogen Psychiatrie“ unterstützt den Anwender bei der Dokumentation, indem er die Erfassung sowie Formulierung der Dokumentation erleichtert. Er sollte idealerweise an sämtlichen Arbeitsplätzen vorliegen, so dass er jederzeit schnell zum Nachschlagen der Begrifflichkeiten herangezogen werden kann.

Der Primär-Doku-Bogen (vgl. Abb. 17) unterteilt sich wie der BI-Doku-Bogen in zwei Bereiche. Im oberen Bereich des Dokumentationsbogens ist eine gezielte Auswahl an Fachtermini aus der ICD-10 GM 2012 zu finden (vgl. auch WHO/ Dilling & Freyberger, 2012), die als Formulierungshilfen für den Psychopathologischer Befund nach ICD-10 dienen. Es wurde eine Einteilung nach klinisch psychopathologischen Untergruppen (Allgemein, Kognition, Depression, Angst, Manie, Psychose, Zwang, Sucht, Somatik, Suizidalität) vorgenommen. Die Formulierungshilfen sind nicht als strikte Vorgaben anzusehen. Eine Mischung von Merkmalen und Symptomen mit eigenen Formulierungen ist möglich.

Der untere Bereich des Bogens ist analog nach dem Betreuungsintensitätsmodell (BIM) aufgebaut (InEK, 2012b). Da die Bewertung mit Punkt 1 einer normalen Betreuungsintensität entspricht, wurden inhaltlich nur die Punktebewertungen von 2 (deutlich erhöhter Aufwand) und 3 (stark erhöhter Aufwand) für die Bereiche „Psychisch begründeter Aufwand“, „Somatisch begründeter Aufwand“ und „Sozial begründeter Aufwand“ erfasst. Die Beschreibungen orientieren sich an den Fallbeispielen, die in InEK (2012b) dargestellt sind.

Primär-Doku-Bogen[1]

Psychopathologischer Befund nach ICD-10

Allgemein: gesteigerter/verminderter Antrieb, gesteigerte(r)/verminderte(r) Redefluss/Gesprächigkeit, psychomotorisch verlangsamt/gesteigert, gereizt, angespannt, ruhelos, Ausbruch Wut/Aggression, impulsgestört, emotionale Verflachung, sozialer Rückzug, Isolation, Trotz, Neid, arrogante/hochmütige Verhaltensweisen, Ausnutzung zwischenmenschlicher Beziehungen, Vermeidung beruflicher/sozialer Aktivitäten, starrer Gesichtsausdruck, eingeschränkt fähig Alltagsentscheidungen zu treffen, Selbstbeschädigung, dramatische Selbstdarstellung, theatralisch, Unfähigkeit Beziehung dauerhaft aufrecht zu erhalten, Furcht verlassen zu werden, leicht beeinflussbar, perfektionistisch, unverhältnismäßig leistungsbezogen, Selbst herbeigeführter Gewichtsverlust, selbstinduziertes Erbrechen/Abführen, Fressattacken, Furcht zu dick zu werden, andauernde Beschäftigung mit Essen, Gier/Zwang zu essen, Hungerperiode, übertriebene körperliche Aktivität, hartnäckige Weigerung med. Feststellung zu akzeptieren, Selbstverletzung.

Kognition: Bewusstseinsstörung/-eintrübung. Störung des Gedächtnis, des Denkens, der Auffassung, Aufmerksamkeit, Konzentration. Desorientiert, verwirrt, Amnesie, Apathie, Ablenkbarkeit.

Depression/Angst: depressiv, gedrückte Stimmung, Morgentief, Freudeverlust, Interessenverlust, Hoffnungslosigkeit, Verzweiflung, Gefühle von Leere, Hilflosigkeit, teilnahmslos, Trauer, weinen, schreckhaft, Selbstvorwürfe, Schuldgefühle, erschöpft, stimmungsinstabil, affektlabil, besorgt, misstrauisch, Ängste, Vermeidungsverhalten, Panik, abrupt, Gesichtsröte, Atembeschwerden, Missempfindungen, Beklemmungsgefühl, Angst vor Kontrollverlust, Angst zu sterben/zu erbrechen, Gefühllosigkeit/Kribbelgefühle, emotionale Belastung durch Vermeidungsverhalten, zittern, ständige Beschäftigung mit Symptomen, unfähig zu entspannen, nervös, Erschöpfungsgefühl nach geringer Anstrengung, Furcht vor Kritik/Missbilligung/Ablehnung, Flashbacks, Hyperaktivität.

Psychose/Manie: wahnhaft, Gedankenausbreitung, -lautwerden, -eingebung, -entzug, -abreißen, optische/akustische/taktile/gustatorisch Halluzinationen, Stimmen hören, paranoid, Stupor, katatone Symptome, Negativismus, Negativsymptomatik, Grübeln, Haltungsstereotypien, Zerfahrenheit, Depersonalisation, Derealisation, Erregung, Ideenflucht, hypoman, manisch, Selbstüberschätzung, Besessenheit, enthemmt, euphorisch, gereizt, entfremdet, seltsames/exzentrisches/eigentümliches/leichtsinniges/verantwortungsloses Verhalten, fehlendes Schuldbewusstsein.

Zwang: Zwangsgedanken, Zwangshandlungen, andauerndes Wiederholen.

Sucht/Vegetativum/Vigilanz/Somatik/körperliche Störungen: Intoxikation, Rausch, Trance, benommen, verwaschene Sprache, gang-/standunsicher, vegetative Symptome (Schwitzen, Herzklopfen, Schwindel etc.), sensibilitäts-/empfindungsgestört, extrapyramidale Symptome, Ein-/Durchschlafstörungen, Alpträume, Störung Schlaf-Wach-Rhythmus, unruhiger Schlaf, schläfrig, dissoziativ, Nystagmus, erhöhte Vigilanz, Somnolenz, Verschwommensehen, Doppelbilder, mangelnde Koordination, Agitiertheit, bewegungsgestört, Somatisierung, hypochondrisch, Kopfschmerzen, Übelkeit/Erbrechen, gesteigerter/gehemmter Appetit, gesteigerte Libido, Miktions-/Defäkationsdrang. Gebrauch Appetitzügler/Diuretika o. Ä.

Suizidalität: Suizidgedanken, -gefühle, suizidales Verhalten, akute Suizidalität.

Gewichtung der Betreuungsintensität

Allgemein: Überforderung selbst bei einfachen Anforderungen/persönliche Lebenssituation eigenständig zu bewältigen, Entschlusslosigkeit, Störung der Arbeitsbündnisfähigkeit sowie Störung der Gruppenfähigkeit, Hyperventilation.

	2 Deutlich erhöhter Aufwand	3 Stark erhöhter Aufwand
Psychisch begründeter Aufwand	**Allgemeine Psychiatrie:** Verbal bedrohlich, nicht körperlich übergriffig, wiederholt beleidigend, deutliche Anspannungszustände, unzugänglich, wortkarg, Affekt verflacht, parathym, Körperpflege massiv vernachlässigt, regelmäßige (therapeut.) Interventionen zur Unterstützung des Aufstehens/Körperpflege/Sicherstellung der Teilnahme an Therapieangeboten, Überwachung Medikamentengabe, intensive Bezugspflege, beruhigende Gespräche, Deeskalationsgespräche z. B. bei suizidalen Impulsen, über die tägliche Routine hinausgehender therapeutischer Abstimmungsbedarf im Team.	**Allgemeine Psychiatrie:** Verkennt Situation, von Stimmen gequält, über lange Phasen verbal aggressiv, Fremdaggressivität, hoher multiprof. Betreuungsaufwand, viele Kontakte um korrigierenden/Orientierung gebenden Realitätsbezug herzustellen, dysphorisch-gereizt, lehnt Behandlung ab, richterlich untergebracht, sehr antriebsgesteigert, versucht mit Nachdruck die Station zu verlassen, hoher multiprofessioneller Betreuung- und Interventionsbedarf hinsichtlich Begrenzung/unterstützende Strukturierung, ständige Beobachtung/Überwachung und ggf. Intervention erforderlich (z. B. zur Spannungsregulierung oder auch mehrfach tägliche kurzzeitige oder überwiegende Fixierung, nur begleiteter Ausgang bzw. Ausgangssperre, Suizidalität), kontinuierlicher therapeutischer Abstimmungsbedarf.
	Sucht: Beginnendes Alkoholentzugsdelir, vegetative Entzugssymptomatik (z. B. Schwitzen, Tachykardie, Tremor, Unruhe), psychopatholgisch auffällig, deutlich gereizt, gehäuft verbale Auseinandersetzungen, mehrfach tgl. VZ-Kontrolle	**Sucht:** Alkoholintoxikiert, deutlich fremdaggressiv, muss mechanisch beschränkt werden, um Übergriffe zu verhindern, ausgeprägtes Alkoholentzugsdelir, optische Halluzinationen, schreit, wirkt bedrohlich, orientierungslos, gangunsicher, engmaschige VZ-Kontrolle.
	Gerontopsychiatrie: Kognitive Einbußen, psychomotorisch unruhig, getrieben, muss zu zielgerichteten Aktivitäten ermuntert werden, regelm. Kontrolle Körperpflege/Kleidung, Medikamenteneinnahme muss häufig erläutert/kontrolliert werden.	**Gerontopsychiatrie:** z. B. schwere Demenz, unruhig, umtriebig, erhöhte Sturzgefahr, muss wdh. beruhigt/getröstet werden, findet sich auf Station nicht zurecht, regelmäßig begleitete Toilettengänge, uriniert in öffentl. Bereichen, schläft nachts mit vielen Unterbrechungen, versucht aus Bett aufzustehen, verlässt nachts das Zimmer/Sturzgefahr, Situation muss Mitpatienten wdh. erläutert werden.

[1] in Anlehnung an WHO/Dilling und Freyberger (2012) und InEK (2012b)

Abbildung 17: Primär-Doku-Bogen Psychiatrie

	2 Deutlich erhöhter Aufwand	3 Stark erhöhter Aufwand
Psychisch begründeter Aufwand	**Psychotherapie:** Intensives psychotherapeutisches Programm, intermittierend Anspannungszustände, viele Kurzkontakte, Rücksprache bei suizidalen Gedanken, Unterstützung bei gelernten Skills, Versorgung von Selbstverletzungen.	**Psychotherapie:** Impulskontrollgestört, droht wdh. raptusartig sich selbst zu verletzen/Gegenstände zu verschlucken, fast durchgehende Überwachung notwendig, immer wieder Gespräche mit Pat./Suche nach Alternativen, durchgehende Bereitschaft zum Schutz des Pat./oder anderer zu intervenieren, bindet durchgehend Aufmerksamkeit einer Person.
	Psychosomatik: Strg. Verantwortungsübernahme, Tendenz sich selbst zu schädigen, nicht in der Lage Ernährungs-/Flüssigkeitsbilanz sicherzustellen, tgl. Überprüfung/Anleitung der Nahrungs-/Flüssigkeitsaufnahme, Unterstützung bei Spannungsregulierung.	**Psychosomatik:** Strg. d. Impulssteuerung, Affekttoleranz, Selbstwertregulierung, Verantwortungsübernahme für sich selbst, ständige Selbstverletzungen die medizinischer Versorgung bedürfen, nicht absprachefähig, dissoziative Zustände, bindet unplanbar mehrfach pfl./ärztl. Kapazitäten zur Gefahrenabwehr/zum Schutz/zur Anleitung mit emotionaler Konfliktspannung ohne Dissoziation zurechtzukommen.
Somatisch begründeter Aufwand	**Allgemein:** Körperliche Erkrankungen (z. B. akute Infektionen, unklare pathologische Befunde, kardiale Dekompensation, parenterale Ernährung) mit einem zusätzlichen häufigen oder ständigen ärztlichen oder/und pflegerischen medizinischen Aufwand zur Überwachung, Anleitung und/oder Versorgung erforderlich, um eine vitale Bedrohung oder eine deutliche Verschlechterung des Gesundheitszustandes zu verhindern.	
	2 Deutlich erhöhter Aufwand	**3 Stark erhöhter Aufwand**
	Umfängliche Unterstützung/Assistenz **mehrerer** lebenspraktischer Tätigkeiten (z. B. Körperpflege, Ausscheidung, Nahrungszubereitung/-aufnahme, Mobilität), allein verbale Unterstützung reicht nicht aus, in Teilbereichen müssen pflegerische Interventionen durchgeführt werden, Regelmäßige somatische Überwachung mit erforderlicher Intervention, Regelmäßige Kontrolle des Essverhaltens/der Ernährung mit Begleitung der Esssituation und/oder ständigen Interventionen; Aufwändige Wundversorgung und/oder Schmerzmanagement, starke Mobilitätseinschränkung erfordert Begleitung bei Gemeinschaftsveranstaltungen, Außenaktivitäten, Konsilbesuchen etc.	Nahezu vollständige Übernahme der **überwiegenden Zahl** lebenspraktischer Tätigkeiten (z. B. Körperpflege, Nahrungszubereitung/-aufnahme, Mobilität, Ausscheidung; darunter auch ganztägige Bettlägerigkeit oder Fixierung), kontinuierliches medizinisches Monitoring, engmaschige bzw. kontinuierliche Interventionen.
Sozial begründeter Aufwand	**Allgemein:** Patient ist aufgrund seiner psychischen und/oder psychosomatischen Erkrankung akut von einer sozialen Desintegration oder Not bedroht (z. B. akuter Verlust des Arbeitsplatzes, keinen Krankenversicherungsschutz, wegen finanziellen Belastungen oder einer Straftat mit gerichtlichen/polizeilichen Maßnahmen konfrontiert) oder es bestehen akute Konfliktsituationen mit Angehörigen, ein erhöhter Abstimmungsbedarf unter Therapeuten, Notwendigkeit eine Betreuung oder Unterbringung einzuleiten, ein problematisches Entlassmanagement, die ein ärztliches, sozialarbeiterisches und/oder fachpflegerisches Eingreifen erfordern. Umfassende soziale Maßnahmen zur Vorbereitung/Gestaltung des psychosozialen Empfangsraumes nach der Entlassung. Erhöhter Abstimmungsbedarf zwischen den Berufsgruppen.	
	2 Deutlich erhöhter Aufwand	**3 Stark erhöhter Aufwand**
	Intensiver Kontakt zum gerichtlichen Betreuer oder zu betreuenden Institutionen/komplementären Einrichtungen (einschließlich Beantragung und Abklärung der Kostenübernahme, Vorstellungstermine) oder die Einleitung einer Betreuung ist erforderlich. Kann nicht an alten Arbeitsplatz zurückkehren, an seinen Fähigkeiten angepasst Vollzeit arbeitsfähig, berufliche Arbeit für Stabilisierung bedeutend, zahlreiche sozialarbeiterische Interventionen/persönliche Kontakte mit Arbeitgeber, Bedrohung von akuter Wohnungslosigkeit, viele Anrufe/Kontaktaufnahmen notwendig um Wohnung zu sichern/Alternative zu suchen.	Besprechung und aktive Klärung komplexer psychosozialer Versorgungsfragen (z. B. bei Patienten mit häufigen Wiederaufnahmen), aufwändige Klärung von Finanzangelegenheiten, Schulden, Versorgung abhängiger Angehöriger; hochaufwendige überregionale Suche nach speziellen weiterführenden Therapieeinrichtungen insbesondere bei klinisch relevanter Komorbidität. Völlig desolate soziale Situation, verfügt über keine Arbeitsplatz und/oder Wohnung, droht verloren zu gehen, Mahnverfahren/Schulden, bisher keine Anträge auf soziale Unterstützung gestellt, alleinerziehend, minderjährige Kinder drohen zu verwahrlosen, ständig sozialarbeiterische Interventionen/tgl. Abstimmung im Behandlungsteam, zusätzliche Teamsitzungen, Notwendigkeit einer ausführlichen ärztlichen Stellungnahme zur Klärung Rechtssituation.

Abbildung 17: Fortsetzung

5.4 Psychometrische Verlaufsanalysen und Kliniksteuerung

Auf dem BI-Doku-Bogen werden Punktwerte vergeben, welche in Summe die Schwere der Erkrankung hinsichtlich des entstandenen Aufwandes im Verlauf pro Fall oder Gruppe darstellen. Als Ergebnis erhält man Verlaufsanalysen, die fall- oder gruppenbezogen ausgewertet werden können. Diese Auswertungen können u. a. für die Personalplanung und Kliniksteuerung genutzt werden oder auch bei Auseinandersetzungen mit dem MDK hilfreich sein.

Fallbezogene Analysen

Bei fallbezogenen Analysen spiegeln die BI-Werte den personellen Aufwand am Patienten wieder und ergänzen als wichtige In- und Outcomeparameter die sonst üblichen psychometrischen klinischen Befunde (z. B. CGI, GAF, MMST, HAMD,

(a)

Station I
Pat. XY
30 J., m
HDx
Alkoholabhängigkeit
NDx
Borderline-Pers.-Strg.
Art. Hypertonus

Legende
A=Aufnahme
E=Entlassung
K=Krise
D=Delir
HK=Hypertens. Krise
B=Betreuergespräch

Kommentar	A; D; HK; B	D;HK	D	D	D		K					B	E
BI-Score	13	12	11	11	11	7	9	7	7	5	5	6	5
Tag	1	2	3	4	5	6	7	8	9	10	11	12	13

(b)

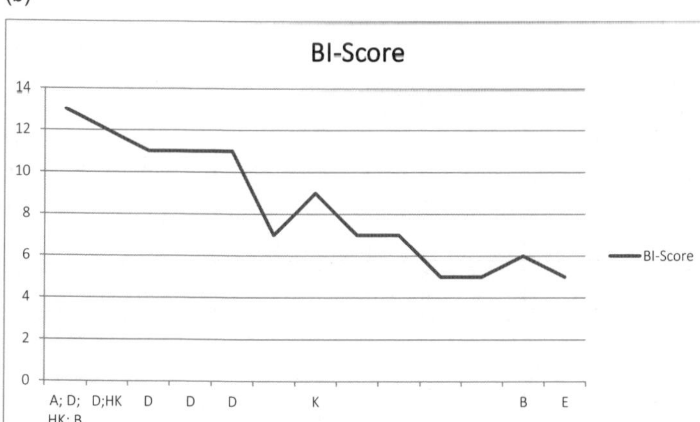

Abbildung 18: Fallanalyse – Alkoholabhängigkeit

PANSS, usw.). Die Anwendung des BI-Modells wirkt sich zudem direkt auf die Dokumentation aus, da sie deutlich macht, an welchen Tagen zusätzliche Aufwände erforderlich waren. Diese Dokumentationsgenauigkeit ist bei vielen MDK-Auseinandersetzungen essentiell. Abbildung 18 zeigt exemplarisch eine fallbezogene Auswertung bei einem 30-jährigen Patienten mit einer Alkoholabhängigkeit.

(a) Geschützte Akut-Aufnahmestation

Fallschwere / Quartalsanalyse
Geschützte Akut-Aufnahmestation (10 Betten)

	Tag (wöchentl. Teambesprechung)											
	1	8	15	22	29	36	43	50	57	64	71	78
Bett 1	13	11	9	7	6	5	5	5	5	13	11	9
Bett 2	5	5	13	11	9	13	11	9	7	6	5	5
Bett 3	11	7	6	5	5	13	11	7	5	13	11	11
Bett 4	9	6	5	11	9	9	11	9	7	6	6	13
Bett 5	11	9	7	7	7	5	5	13	11	9	7	7
Bett 6	5	5	13	11	9	13	11	9	7	6	5	5
Bett 7	9	7	6	5	5	5	5	13	11	9	13	11
Bett 8	7	5	13	11	11	11	7	6	5	5	13	11
Bett 9	9	7	6	6	13	9	6	5	11	9	9	11
Bett 10	13	11	9	7	7	11	9	7	7	7	5	5
BI-Score, gesamt	9,2	7,3	8,7	8,1	8,1	9,4	8,1	8,3	7,6	8,3	8,5	8,8

(b) Depressionsstation

Fallschwere / Quartalsanalyse
Depressionsstation (10 Betten)

	Tag (wöchentl. Teambesprechung)											
	1	8	15	22	29	36	43	50	57	64	71	78
Bett 1	11	9	7	5	4	5	5	5	5	11	9	7
Bett 2	5	5	11	9	7	11	9	7	5	4	5	5
Bett 3	9	5	4	5	5	11	9	5	4	11	9	9
Bett 4	7	4	4	9	7	7	9	7	5	4	4	11
Bett 5	9	7	5	5	5	4	4	11	9	7	5	5
Bett 6	4	4	11	9	7	9	9	7	5	5	4	4
Bett 7	7	5	4	4	4	4	4	11	9	7	11	9
Bett 8	5	4	11	9	9	9	5	5	4	4	11	9
Bett 9	7	5	4	4	11	7	4	4	9	7	7	7
Bett 10	11	9	7	5	5	9	7	5	5	5	4	4
BI-Score, gesamt	7,5	5,7	6,8	6,4	6,4	7,6	6,5	6,7	6	6,5	6,9	7

Abbildung 19: Quartalsanalyse

Gruppenbezogene Analysen

Bei gruppenbezogenen Analysen spiegeln die BI-Werte den personellen Aufwand pro Fallgruppe wieder. Dies können Diagnosegruppen (z. B. Depressionen) oder auch Organisationseinheiten (z. B. Stationen) sein. Abbildung 19 zeigt das Beispiel einer Quartalsanalyse mittels der Ergebnisse der wöchentlichen Teambesprechung. Verglichen wurde eine Akut-Aufnahmestation mit 10 Betten und 100-prozentiger Belegung mit einer Depressionsstation mit ebenfalls 10 Betten und einer 100-prozentigen Belegung.

Im Stationsbenchmark wird der Personalressourcenbedarf einzelner Organisationseinheiten sichtbar (vgl. Abb. 20). Dies kann bei der Unternehmenssteuerung sowie Personalplanung wertvoll sein und bei Bedarf auch weiter nach psychisch, somatisch und psychosozial begründetem Aufwand differenziert werden.

	Stationsbenchmark											
Tag	1	8	15	22	29	36	43	50	57	64	71	78
Geschütze Station	9,2	7,3	8,7	8,1	8,1	9,4	8,1	8,3	7,6	8,3	8,5	8,8
Depressionsstation	7,5	5,7	6,8	6,4	6,4	7,6	6,5	6,7	6,0	6,5	6,9	7,0
Differenz	1,7	1,6	1,9	1,7	1,7	1,8	1,6	1,6	1,6	1,8	1,6	1,8

Abbildung 20: 25 Stationsbenchmark – Quartalsanalyse

6 Kinder- und jugendpsychiatrische Dokumentation mit Hilfe des BI-Doku-Bogens KJPP und des Primär-Doku-Bogens KJPP

Kerstin Sehmer-Kurz und Barbara Kunze

Herausforderungen, welche im Zuge der Umstellung auf das neue Entgeltsystem entstehen, wurden bereits benannt und damit verbunden empfiehlt es sich, die hausinternen Abläufe und die Dokumentation zu überprüfen und ggf. zu verbessern. Idealerweise sollte dadurch kein Mehraufwand im Bereich der administrativen Arbeit entstehen.

Um ein berufsgruppenübergreifendes Dokumentationskonzept einzuführen wurden auch im Bereich der Kinder- und Jugendpsychiatrie (KJPP) analog zu dem bereits vorgestellten Konzept für die Psychiatrie und Psychosomatik (vgl. Kapitel 5) zwei Dokumentationsformulare entwickelt. Zum einen der BI-Doku-Bogen KJPP, welcher eine Einstufung der Patienten im Bereich Behandlungsart und Betreuungsintensität vorsieht. Zum anderen wurde der Primär-Doku-Bogen KJPP entwickelt, welcher eine Reihe von Fachtermini, Schlagworten, Merkmalen und Symptomen zur psychopatholgischen Befundung nach ICD-10 und zu der Fünften Achse des Multiaxialen Klassifikationsschemas (MAS) (Remschmidt, Schmidt & Poustka, 2006) – abnorme psychosoziale Umstände – enthält. Wurde beispielsweise in multiprofessionellen Teambesprechungen eine gemeinsame Einschätzung vorgenommen (vgl. BI-Doku-Bogen KJPP), so besteht dann die Möglichkeit mit dem Primär-Doku-Bogen KJPP die Angaben zu reflektieren und auf ein einheitliches Vokabular zurückzugreifen. Zusätzlich wurde das Betreuungsintensitätsmodell in Anlehnung und größtenteils wörtlicher Übernahme des von der InEK veröffentlichen Modells für die KJPP abgebildet (InEK, 2012b).

Folgende Bereiche sollten nach dem vorliegenden Konzept z. B. im Rahmen der multiprofessionellen Teambesprechungen gemeinsam überprüft und festgelegt werden:

- Patienten- und Behandlungsstatus,
- Einschätzung hinsichtlich der Betreuungsintensität,
- Planung des weiteren Behandlungsverlaufs.

6.1 BI-Doku-Bogen KJPP: Bereich Regel- oder Intensivbehandlung

In der Kinder- und Jugendpsychiatrie werden zwei Grade der Behandlungsintensität unterschieden. Die korrekte Einstufung der Behandlungsart ist auch im KJPP-Bereich von hoher Relevanz, da die Einstufung ebenfalls einen Kostentrenner im neuen Entgeltsystem darstellt. In der KJPP bedarf es zur Auslösung eines Intensivstatus nur eines Mindestmerkmals und einer vergleichsweise hohen Therapiedichte am Patienten. Wenn stationäre Patienten mit besonders intensiver Betreuung in Behandlung sind, sollte das Leistungsgeschehen auch dementsprechend abgebildet und letztendlich vergütet werden.

Der BI-Doku-Bogen bildet die aktuell gültigen Intensivmerkmale ab und soll für die Einstufung sensibilisieren und als Unterstützung fungieren. Er enthält die Optionen der Regel- und Intensivbehandlung und erfasst, falls vorhanden, die Intensivmerkmale (vgl. Abb. 21).

Datum:	______	______	______	______
Regelbehandlung (R)/Intensivbehandlung (I) Wenn Intensivbehandlung (I), bitte zutreffende Merkmale ankreuzen:	☐ R ☐ I	☐ R ☐ I	☐ R ☐ I	☐ R ☐ I
1. Deutlich erhöhter Pflegeaufwand	☐	☐	☐	☐
2. Erhöhter Einzelbetreuungsaufwand wegen mangelnder Gruppenfähigkeit	☐	☐	☐	☐
3. Selbstgefährdung	☐	☐	☐	☐
4. Fremdaggressives Verhalten mit deutlicher Beeinträchtigung des Gruppenmilieus	☐	☐	☐	☐
5. Störungsbedingt nicht einschätzbarer nicht kooperationsfähiger Patient	☐	☐	☐	☐
6. Erforderliche Maßnahmen zur Gefahrabwendung	☐	☐	☐	☐
7. Substanzbedingt erhöhter Betreuungsbedarf	☐	☐	☐	☐
Handzeichen:	______	______	______	______

Abbildung 21: Auszug aus dem BI-Doku-Bogen KJPP – Abschnitt Regel- und Intensivbehandlung

6.2 BI-Doku-Bogen KJPP: Bereich Betreuungsintensität

Für die Gewichtung der einzelnen Pflegetage ist in den einzelnen Einrichtungen zur Verteilung der Kosten des Leistungsbereichs Station ein Modell zur tagesvariablen Bestimmung der Betreuungsintensität aus Anlage 13 des Kalkulationshandbuches zu verwenden (InEK, 2012b). Ziel des Modells war, den unterschiedlich hohen zeitlichen Umfang der Betreuung durch die jeweiligen Berufsgruppen abbilden zu können. Das Gewichtungsmodell geht dabei davon aus, dass der erforderliche Behandlungsaufwand durch das Personal aus dem Ausprägungsgrad bestimmter Merkmale oder Verhaltensweisen eines Patienten resultiert. Diese Merkmale oder Verhaltensweisen unterliegen im Behandlungsverlauf mehr oder weniger großen Schwankungen, so dass bei der Gewichtung jeder Pflegetag separat betrachtet werden kann.

Das Betreuungsintensitätsmodell der KJPP diente ursprünglich den Kalkulationshäusern zur Einzelkalkulation. Es kann aber allgemein auch zur übersichtlichen und differenzierteren Abbildung des Betreuungsaufwandes herangezogen werden. Im BI-Doku-Bogen KJPP wurde in Anlehnung an das Betreuungsintensitätsmodell der Erwachsenen zusätzlich eine Einstufung des sozial begründeten Aufwands ergänzt.

Im vom InEK veröffentlichen BI-Modell für den Bereich der Kinder- und Jugendpsychiatrie (InEK, 2012b) werden aktuell fünf unterschiedliche patientenbezogene Merkmale/Verhaltensweisen definiert: (1) Aggressivität, Unruhe, Anspannung, Erregung; (2) Aufsichtsbedarf; (3) Absprachefähigkeit, Kooperation, Regelakzeptanz; (4) Gruppenfähigkeit; (5) Somatischer Aufwand, Selbstständigkeit, Mobilitat, Lebensfuhrung. Fur jedes patientenbezogene Merkmal bzw. für jede Verhaltensweise werden unterschiedliche Ausprägungsgrade definiert, welche sich in Abhängigkeit von der Art des Behandlungsbereichs oder von Station zu Station je nach den Gegebenheiten vor Ort unterscheiden können, aber nicht unterscheiden müssen. Für jeden Ausprägungsgrad eines patientenbezogenen Merkmals oder einer Verhaltensweise ist eine Punktzahl festzulegen. Es ist möglich, die einzelnen Merkmale bzw. Verhaltensweisen zueinander nach ihrem Beitrag zum Gesamtbetreuungsaufwand zu gewichten, soweit dies im gegebenen Stationskontext sinnvoll erscheint. Der Ausprägungsgrad der patientenbezogenen Merkmale/Verhaltensweisen ist mit Fall- und Tagesbezug zu dokumentieren.

Unsere Ergänzung soll als sechstes patientenbezogenes Merkmal den bisher ansonsten nicht abgebildeten sozial begründeten Aufwand mit aufnehmen. Wir haben unserer klinischen Erfahrung entsprechend und analog des Punktesystems des ursprünglichen im Kalkulationshandbuch des InEK veröffentlichen Betreuungsintensitätsmodells 5 Punkte für die Einstufung vorgesehen. Die für den sozial begründeten Aufwand vergebenen Punkte sollen verschiedenen Aufwandsstufen entsprechen, von „1 = kein erhöhter sozialer Beratungsaufwand“ bis hin zu „5 = akute psychosoziale Gefährdung mit hochaufwendiger Beratung und erheblichem Dokumentationsaufwand“ (vgl. Abb. 22).

Gewichtung der Betreuungsintensität (BI)				
1 Punkt = keine erhöhte BI **2 Punkte** = kurzzeitig, gering erhöhte BI	**3 Punkte** = punktuell, mittel erhöhte BI **4 Punkte** = hoch, deutlich, mehrfach erhöhte BI	**5 Punkte** = extrem hoch, regelmäßig erhöhte BI		
Datum:	________	________	________	________
Aggressivität, Unruhe, Anspannung, Erregung	1☐ 2☐ 3☐ 4☐ 5☐	1☐ 2☐ 3☐ 4☐ 5☐	1☐ 2☐ 3☐ 4☐ 5☐	1☐ 2☐ 3☐ 4☐ 5☐
Aufsichtsbedarf	1☐ 2☐ 3☐ 4☐ 5☐	1☐ 2☐ 3☐ 4☐ 5☐	1☐ 2☐ 3☐ 4☐ 5☐	1☐ 2☐ 3☐ 4☐ 5☐
Absprachefähigkeit, Kooperation, Regelakzeptanz	1☐ 2☐ 3☐ 4☐ 5☐	1☐ 2☐ 3☐ 4☐ 5☐	1☐ 2☐ 3☐ 4☐ 5☐	1☐ 2☐ 3☐ 4☐ 5☐
Gruppenfähigkeit	1☐ 2☐ 3☐ 4☐ 5☐	1☐ 2☐ 3☐ 4☐ 5☐	1☐ 2☐ 3☐ 4☐ 5☐	1☐ 2☐ 3☐ 4☐ 5☐
Somatischer Aufwand, Selbstständigkeit, Mobilität, Lebensführung	1☐ 2☐ 3☐ 4☐ 5☐	1☐ 2☐ 3☐ 4☐ 5☐	1☐ 2☐ 3☐ 4☐ 5☐	1☐ 2☐ 3☐ 4☐ 5☐
Sozial begründeter Aufwand	1☐ 2☐ 3☐ 4☐ 5☐	1☐ 2☐ 3☐ 4☐ 5☐	1☐ 2☐ 3☐ 4☐ 5☐	1☐ 2☐ 3☐ 4☐ 5☐
Handzeichen:	____	____	____	____

Abbildung 22: Modifizierter Auszug aus dem BI-Doku-Bogen KJPP – Abschnitt Betreuungsintensität

6.3 Primär-Doku-Bogen KJPP

Der von uns entwickelte Primär-Doku-Bogen (vgl. Abb. 23) ist in drei Bereiche unterteilt:

1. Formulierungshilfen für den Psychopathologischen Befund nach ICD-10.
2. Formulierungshilfen für abnorme psychosoziale Umstände nach der Fünften Achse des Multiaxialen Klassifikationsschemas (MAS).
3. Betreuungsintensitätsmodell einschließlich der bereits beschriebenen Ergänzung des sozial begründeten Aufwandes.

Die Formulierungshilfen für den Psychopathologischen Befund nach ICD-10 kann im klinischen Alltag im Hinblick auf die vorliegende Psychopathologie herangezogen werden und soll die Mitarbeiterinnen und Mitarbeiter darin unterstützen, beobachtete Auffälligkeiten von Patientinnen und Patienten zu strukturieren und damit das psychische Profil präziser abzubilden.

Die Formulierungshilfen für die Fünfte Achse des Multiaxialen Klassifikationsschemas (Remschmidt, Schmidt & Poustka, 2006) erfasst für die Störungsbilder der Kinder wesentliche Zusatzinformationen, die sowohl für die Genese einer Störung bedeutsam sind als auch dazu dienen, aktuelle zusätzliche Belastungen und die Möglichkeit der Reintegration während und nach der Behandlung abzuschätzen. Die Stichworte sollen den Blick des Personals für Situationen schärfen, in denen auf den Stationen Eltern/Bezugsperson-Kind-Interaktionen stattfinden. Die Formulierungshilfe soll Mitarbeiterinnen und Mitarbeiter auch dabei unterstützen, im Behandlungsverlauf erhaltene Informationen zur psychosozialen Situation des Kindes zu strukturieren und wiederum präzise abzubilden. Damit soll dem Umstand Rechnung getragen werden, dass insbesondere in der Kinder- und Jugendpsychiatrie diese psychosozialen Belastungen einen erhöhten Behandlungsaufwand und oftmals eine komplexe multiprofessionelle Vernetzung mit dem Jugendhilfesystem, Schulen und ambulanten Therapeuten begründen.

Beide Bereiche der Formulierungshilfen sind nicht als strikte Vorgaben anzusehen. Eine Mischung von Merkmalen und Symptomen mit eigenen Formulierungen ist möglich.

Der untere Teil des Primär-Doku-Bogens KJPP entspricht weitgehend dem Betreuungsintensitätsmodell KJPP des InEK (2012). Da die Bewertung mit Punkt 1 im BI-Modell einer normalen Betreuungsintensität entspricht, wurden in den Primär-Doku-Bogen KJPP inhaltlich nur die Punktebewertungen von 2 (kurzzeitig, gering erhöhte BI) bis 5 (extrem hohe, regelmäßig erhöhte BI) für die fünf Unterkategorien aufgenommen. Die letzte, sechste Kategorie bildet dabei den von uns zusätzlich ergänzten, sozial begründeten Aufwand ab.

Das auf dem Primär-Doku-Bogen KJPP abgebildete Betreuungsintensitätsmodell KJPP kann als inhaltliche Grundlage für die Einschätzungen, die auf dem BI-Doku-Bogen KJPP regelmäßig dokumentiert werden sollen, herangezogen werden. Beispiele, die veranschaulichen, wie dabei vorgegangen werden kann, finden sich im Anhang des Buches (vgl. S. 80). Die Fallbeispiele stammen aus der Klinik für Kinder- und Jugendpsychiatrie des Universitätsklinikums Göttingen.

Primär-Doku-Bogen KJPP[1]

Psychopathologischer Befund nach ICD-10

Interaktion: scheu/unsicher, distanziert, überangepasst, sozial zurückgezogen, misstrauisch, kaspernd/albern, unkooperativ, distanzgemindert, Mangel an Rücksichtnahme, fehlendes Schuldbewusstsein, unselektives Bindungsverhalten, Empathiestörung, autistische Störung der Interaktion, Dramatisierung, theatralisches Verhalten, Mittelpunktstreben, übertriebener Ausdruck von Gefühlen, erhöhte Kränkbarkeit.

Sozialverhalten: dominant, oppositionell-verweigernd, aggressiv, Lügen/Betrügen, Stehlen, Weglaufen/Schule schwänzen, bedürfnisorientiert, eigentümlich, leichtsinnig, verantwortungslos, sexualisiert.

Antrieb, Aufmerksamkeit und Impulskontrolle: gesteigerte motorische Aktivität, Unaufmerksamkeit, leichte Ablenkbarkeit, Schwierigkeiten in der Organisation von Handlungen, mangelnde Impulskontrolle, häufiges Unterbrechen und Stören anderer, häufiges Reinreden und Nichtabwarten können, geringe Frustrationstoleranz.

Psychomotorik; Sprechen und Sprache: motorische/vokale Tics, Stereotypien, Mutismus, gesteigerter Redefluss, Sprachverständnisprobleme, Stottern, eingeschränkter Wortschatz, häufige Grammatikfehler.

Angst und Zwang: Soziale Ängste, Trennungsangst, Leistungsangst, Agoraphobie, Panikattacken, Generalisierte Angst; Zwangsdenken, Zwangsimpulse, Zwangshandlungen.

Stimmung und Affekt: depressiv/traurig verstimmt, Insuffizienzgefühle/mangelndes Selbstvertrauen, Schuldgefühle/Selbstvorwürfe, affektarm, affektlabil, klagsam, gereizt-dysphorisch, wechselhafte instabile Stimmung, innere Unruhe, gesteigertes Selbstwertgefühl, euphorisch; Dissoziation, Flashbacks, Selbstverletzung/Autoaggression, Suizidgedanken, -impulse, -handlungen.

Formaler Gedankengang: gehemmt/verlangsamt, umständlich/weitschweifig, eingeengt, perseverierend, grübeln, Gedankendrängen, Ideenflucht, Vorbeireden, gesperrt/Gedankenabreißen, inkohärent/zerfahren, Neologismen.

Psychotische Symptome: Sinnestäuschungen (akustische, optische, taktile, olfaktorische, gustatorische Halluzinationen), Inhaltliche Denkstörungen (magisches Denken, Beziehungserleben, Wahnwahrnehmungen), Ichstörungen/Fremdbeeinflussungserleben (Derealisation, Depersonalisation, Gedankeneingebung, -entzug und-ausbreitung).

Funktionelle und somatoforme Störungen/Essverhalten: Einnässen, Einkoten, Ein- und Durchschlafstörungen, Alpträume, dissoziative Symptome, körperliche Symptome (u. a. vegetative, autonome Funktionsstörungen, Schmerzen, Tremor), extrapyramidale Störungen, erhöhte/verminderte Nahrungsaufnahme, Heißhunger- und Essattacken, selbstinduziertes Erbrechen, andere Maßnahmen zur Gewichtsreduktion, Körperschemastörung.

Sucht: Intoxikation, Rausch, Trance, benommen, verwaschene Sprache, gang- und standunsicher, vegetative Symptome (Schwitzen, Herzklopfen, Schwindel), Suchtdruck.

Entwicklungsstand: (fein-, grob-)motorisch ungeschickt, kindlich/infantil, regressiv, vorgereift, Intelligenzniveau (überdurchschnittlich, durchschnittlich, unterdurchschnittlich, geistige Behinderung).

Assoziierte abnorme psychosoziale Umstände nach dem Multiaxialen Klassifikationsschema, Fünfte Achse (betrifft Zeitraum der letzten 6 Monate, Kind direkt und durchgehend betroffen)

1. **Abnorme intrafamiliäre Beziehungen:** Mangel an Wärme in der Eltern-Kind-Beziehung, Streit zwischen Erwachsenen, feindliche Ablehnung, körperliche Misshandlung;

2. **Psychische Störung, abweichendes Verhalten oder Behinderung in der Familie:** Eltern, Geschwister, andere;

3. **Inadäquate oder verzerrte intrafamiliäre Kommunikation:** verwirrende oder widersprüchliche Botschaften, fruchtlose Auseinandersetzungen, Familiengeheimnisse, Verbergen von Schlüsselinformationen, Verleugnung von familiären Schwierigkeiten, Verantwortlichmachen des Kindes für Probleme zu Hause;

4. **Abnorme Erziehungsbedingungen:** elterliche Überfürsorge, unzureichende elterliche Aufsicht, Mangel an erkennbaren Alltagsregeln, widersprüchliche/uneinige Erziehung, ungenaue nicht konkrete, inkonsequente erzieherische Maßnahmen, kein Eingreifen der Eltern bei bekannten Gefahren, unzulängliche altersangemessene Versorgung/Aufsicht des Kindes, unangemessene Anforderungen und Nötigungen, kaum Unterhaltung mit Familienmitgliedern, seltenes Vorlesen, Zuhören, seltenes Spielen, Mangel an Aktivitäten wie Spaziergänge, Fahrten, Hobbys, Sport etc.;

5. **Abnorme unmittelbare Umgebung:** getrennte Eltern, Erziehung in einer Institution, Pflegefamilie, isolierte Familie (kaum vertrauensvolle soziale Beziehungen, kaum Gäste, Verbot für das Kind Freunde einzuladen oder andere zu besuchen);

6. **Akute, belastende Lebensereignisse:** Verlust einer liebevollen Beziehung, negativ veränderte familiäre Beziehung durch neue Familienmitglieder, ernsthafte Demütigung, sexueller Missbrauch innerhalb/außerhalb der engeren Familie, bedrohliche Umstände oder unmittelbar beängstigende Ereignisse;

7. **Gesellschaftliche Belastungsfaktoren:** Verfolgung oder Diskriminierung, Migration oder soziale Verpflanzung;

8. **Chronisch zwischenmenschliche Belastung im Zusammenhang mit der Schule oder Arbeit:** Streitbeziehungen von Mitschülern oder Mitarbeitern ausgehend, Gequältwerden, Bedrohtwerden, Erpressung, Ablehnung oder Isolierung, Sündenbockzuweisung durch Lehrer/Ausbilder, allgemeine große Unruhe in der Schule/Arbeitssituation;

9. **Belastende Lebensereignisse/Situationen infolge von Verhaltensstörungen/Behinderungen des Kindes:** Belastende Ereignisse, bei deren Entstehung die Rolle des Kindes selbst bedeutsam ist, Wechsel in ein Heim, Schulausschluss.

[1] in Anlehnung an WHO/Dilling und Freyberger (2012), Remschmidt, Schmidt und Poutka (2006) sowie InEK (2012b)

Abbildung 23: Primär-Doku-Bogen KJPP

Gewichtung der Betreuungsintensität				
Merkmale	**2 Punkte**	**3 Punkte**	**4 Punkte**	**5 Punkte**
Aggressivität/Unruhe/ Anspannung Erregung	**Kurzzeitiges eigen- und/ oder fremdaggressives Verhalten ohne Einfluss auf die Patientengruppe** (z. B. Türenschlagen, Schreien, geringe verbale Beleidigungen)	**Zeigt eigen- und/oder fremdaggressives Verhalten mit leichter Beeinträchtigung des Gruppenmilieus** (verbale Bedrohung/mehrfaches Beschimpfen/körperliche Bedrohung gegenüber Mitpatienten und/oder Mitarbeitern)	**Zeigt hohes eigen- und/ oder fremdaggressives Verhalten mit deutlicher Beeinträchtigung des Gruppenmilieus** (oberflächliches Ritzen, Zerstören von Gegenständen, Bespucken von Mitpatienten und Mitarbeitern, massive Bedrohungen von Mitpatienten und/ oder Mitarbeitern)	**Zeigt extrem hohes eigen- und/oder fremdaggressives Verhalten** (massives Ritzen, tätlicher Angriff gegenüber Mitpatienten und/oder Mitarbeitern, sehr enge Führung oder Freiheitseinschränkung ist notwendig)
	Kurzzeitiges eigen- und/ oder fremdaggressives Verhalten ohne Einfluss auf die Patientengruppe	**Ist unruhig/angespannt** (kurzfristige Einzelmaßnahmen/Interventionen notwendig)	**Ist lang anhaltend unruhig/angespannt** (längerfristige Einzelmaßnahmen/Interventionen notwendig)	**Suizidale Gefährdung** (konkrete suizidale Gedanken, konkrete suizidale Äußerungen, sehr enge Führung oder Freiheitseinschränkung ist notwendig)
	Wirkt angespannt/unruhig (wird vorsorglich enger beobachtet/keine weiteren Maßnahmen notwendig)	**Äußert suizidale Gedanken** (kurzfristige Einzelmaßnahmen/Interventionen notwendig)	**Distanziert sich nicht von suizidalen Gedanken** (längerfristige Einzelmaßnahmen/Interventionen notwendig)	
Aufsichtsbedarf	**Geringer Aufsichtsbedarf** (z. B. Jugendliche ab 14 Jahre, Ausgang mit Mitpatienten)	**Durchschnittlicher Aufsichtsbedarf** (z. B. Kinder bis 14 Jahre, Ausgang alleine im Rahmen der Klinik, z. B. Gartengelände und Therapien)	**Hoher Aufsichtsbedarf** (z. B. Begleitung zu allen Terminen, Ausgang nur in Begleitung von Mitarbeitern, Kinder bis inkl. Grundschulalter)	**Permanenter Aufsichtsbedarf** (kein Ausgang, Aufsicht überwiegend in Sichtweite erforderlich)
Absprachefähigkeit, Kooperation, Regelakzeptanz	**Hält sich meistens an Absprachen, hinreichende Regelakzeptanz**	**Hält sich nach wiederholten Aufforderungen an Absprachen, oft oppositionell**	**Hält sich schwer an Absprachen, braucht viele Aufforderungen, Konfrontation**	**Hält sich an keine Absprachen, ist nicht erreichbar für Kooperation, verweigert sich, keine Regelakzeptanz**
Gruppenfähigkeit	**Benötigt geringe Anleitung**	**Benötigt punktuelle Anleitung** (z. B. Überprüfung im Rahmen des Verhaltensplans)	**Benötigt mehrfach Anleitung** (ist schwer zu integrieren)	**Ist nicht in die Gruppe zu integrieren** (muss separiert werden, braucht enge Führung, braucht ständige Ansprache)
Somatischer Aufwand, Selbstständigkeit, Mobilität, Lebensführung	**Benötigt Aufforderung bei der Hygiene/geringer Pflegeaufwand** (z. B. Verbandwechsel/Medikamentengabe/einfache Betreuung beim Essen in der Gruppe	**Benötigt punktuell Anleitung bei der Hygiene/ Pflegeaufwand vorhanden** (z. B. Vitalzeichenkontrolle bei Medikamentengabe 3-mal täglich, Begleitung zur Entängstigung bei somatischen Untersuchungen, Essbegleitung bei Anorexie in der Gruppe)	**Benötigt mehrfach Anleitung bei der Hygiene/ hoher Pflegeaufwand** (z. B. somatische Überwachung, Essbegleitung bei Anorexie in Kleinstgruppe, Esstraining für Kinder einzeln)	**Benötigt regelmäßig Anleitung bei der Hygiene/ sehr hoher Pflegeaufwand** (z. B. Notfallversorgung, Sondierung, muss von Mitarbeitern zu Untersuchungen begleitet werden, ständige Aufsicht bei Nahrungsaufnahme, Einzelbetreuung)
Sozial begründeter Aufwand	Gestörte psychosoziale Situation, Interaktionsmuster in Schule, Familie, Freizeit, Beratung durch Sozialen Dienst notwendig	Psychosoziale Gefährdung, regelmäßige Beratung durch Sozialen Dienst/Therapeuten, Vernetzung mit weiteren Helfern notwendig	Deutliche psychosoziale Gefährdung, hoher Beratungsbedarf durch Sozialen Dienst/Therapeuten, intensive Vernetzung mit weiteren Helfern und Klärung psychosozialer Versorgungsfragen notwendig (Behörden, Gerichte, Jugendämter, Schulen, weiterführende Therapieeinrichtungen), aufwendiger Klärungs- und Dokumentationsbedarf	Hohe/akute psychosoziale Gefährdung, komplexe psychosoziale Versorgungsfragen durch Sozialen Dienst/Therapeuten zu klären (Behörden, Gerichte, Jugendämter, Schulen, weiterführende Therapieeinrichtungen), hochaufwendiger Klärungs- und Dokumentationsbedarf

Abbildung 23: Fortsetzung

7 Changemanagement und Umgang mit Widerständen

Organisationen (z. B. Kliniken) unterliegen ständigen Veränderungen. Entsprechend müssen die Strategien, Strukturen, Prozesse oder Verhaltensweisen in einer Organisation laufend den veränderten Rahmenbedingungen angepasst werden. Unter Changemanagement lassen sich alle Aufgaben, Maßnahmen und Tätigkeiten zusammenfassen, die zu einer umfassenden, bereichsübergreifenden und inhaltlich weitreichenden Veränderung in einer Organisation führen sollen.

Für eine erfolgreiche Anpassung des Dokumentationsmanagements an veränderte Rahmenbedingungen ist es zunächst notwendig, dass leitende Personen (z. B. Chefarzt, leitende Ärzte, leitende Psychologen, Pflegedienstleitungen) die Erkenntnis gewinnen, dass mehr oder weniger schwerwiegende Ineffizienzen im bisherigen Dokumentationsmanagement vorhanden sind. Meist deutet sich in einer Vorlaufphase (Zeitspanne zwischen dem Empfinden des Problems und der Entscheidung, konkrete Maßnahmen zu ergreifen) das Ausmaß der Ineffizienzen bereits an und es entsteht die Erkenntnis, dass der Bedarf an Dokumentationsstandards in Zukunft unvermeidbar bzw. das bisherige Dokumentationsverhalten unzureichend ist. Oftmals sind dieser Bewusstseinsbildung auch große Misserfolge (z. B. Brüche in der „Behandlungskette“, massive Kritik von zuweisenden Kollegen) oder sogar erhebliche wirtschaftliche Verluste (z. B. unbeglichene Krankenhausrechnungen, sinkende Zuweisungszahlen) vorausgegangen.

Es hat sich gezeigt, dass es sinnvoll ist, wenn die Leitungsebene einer Klinik bereits in einer frühen Phase damit beginnt, notwendige Veränderungen anzustoßen, ein Einführungsprojektteam zu bilden und in Informationsveranstaltungen über die bevorstehenden Veränderungen aufzuklären, um potenzielle Barrieren von Anfang an zu reduzieren. Wie bei allen Veränderungsprozessen bzw. Neuerungen in einer Organisation muss im Projektverlauf immer wieder mit den unterschiedlichsten Widerständen gerechnet werden. Es empfiehlt sich daher, die Mitarbeiter und Fachleute (z. B. Sekretärinnen, Mitarbeiter der EDV-Abteilung, Assistenz- und Oberärzte, Psychologen, Bezugspfleger, andere Therapeuten) aus allen involvierten Abteilungen von Beginn an in den Einführungsprozess einzubinden bzw. in das Einführungsprojektteam zu integrieren. So können Barrieren kontinuierlich minimiert, möglichst alle Blickwinkel berücksichtigt und ein ganzheitlicher und permanenter Veränderungsprozess angestoßen werden.

Die Einbindung einer großen Anzahl an betroffenen Mitarbeitern bzw. Fachleuten führt zunächst wahrscheinlich dazu, dass das Projekt zur Veränderung des Dokumentationsmanagement eher „schleppend“ beginnt und umfangreiche personelle und zeitliche Ressourcen gebunden werden. Auf lange Sicht spart dieses

Vorgehen jedoch Zeit, da durch die Berücksichtigung verschiedener Blickwinkel mehr Ideen generiert und gebündelt (Brainstorming) werden können und potenzielle Widerstände weniger oder gar nicht erst auftreten, weil durch die Einbindung aller beteiligten Abteilungen mit einer höheren Akzeptanz in Bezug auf die notwendigen Veränderungsmaßnahmen auf Seiten der Mitarbeiterinnen und Mitarbeiter gerechnet werden kann.

Wie bei der Einführung des berufsgruppenübergreifenden Dokumentationskonzeptes in einer psychiatrischen Klinik im Einzelnen vorgegangen werden kann, wird im folgenden Kapitel beschrieben.

8 Projektmanagement – Einführung eines berufsgruppenübergreifenden Dokumentationskonzeptes

8.1 Einleitung

Die Bedeutung von Projektarbeit und Projektmanagement in vielen Unternehmen und öffentlichen Einrichtungen gewinnt seit Jahren kontinuierlich an Bedeutung (European Business School, 2008). Als Hauptgrund hierfür wird die zunehmend dynamische und komplexe organisationale Umwelt angesehen. Die Bewältigung der verschiedenen Aufgaben in Form von Projekten ermöglicht den Unternehmen den wachsenden Herausforderungen gerecht zu werden. Dabei treten häufig Abweichungen und Ineffizienzen bei der Projektarbeit auf, die nicht infolge eines falschen Projektmanagementkonzeptes entstehen, sondern auf eine unzureichende und fehlerhafte Projektmanagement-Einführung zurückzuführen sind.

Nach DIN-Norm 69901 ist ein Projekt ein „... Vorhaben, das im Wesentlichen durch die Einmaligkeit der Bedingungen in ihrer Gesamtheit gekennzeichnet ist, z. B. Zielvorgabe, zeitliche, finanzielle, personelle und andere Begrenzungen, Abgrenzung gegenüber anderen Vorhaben und projektspezifische Organisation" (Schelle, 2008, S. 26). Das Projekt ist als erfolgreich zu bewerten, wenn die definierten Projektziele zur Zufriedenheit des Auftraggebers innerhalb des veranschlagten Zeitraums erreicht werden, ohne dabei den Hauptarbeitsablauf der Klinik zu beeinträchtigen, und die geplanten Ressourcen dabei eingehalten werden (Krezner, 2003). Unter einem Projektziel ist dabei ein Soll-Zustand zu verstehen. Dieser sollte eindeutig, verständlich, möglichst quantifizierbar, herausfordernd und dabei realistisch sowie widerspruchsfrei formuliert sein (vgl. Litke, 2004). Eine hundertprozentige Zielerreichung der drei Größen Zeit, Kosten und Qualität ist nicht zu erwarten, da diese jeweils wechselseitig voneinander abhängig sind. So ist beispielsweise bei Verringerung der verfügbaren Zeit eines Projektes, dies oft nur mit einem Kostenanstieg und/oder mit einer geringeren Qualität vereinbar

Für die Eingliederung von Projektmanagement in die bestehende Organisation gibt es viele Gründe. Es muss davon ausgegangen werden, dass viele Kliniken gegenwärtig immer mehr mit umfangreichen und zunehmend komplexer werdenden Aufgaben, dynamischen Märkten, diffizilen wirtschaftlichen Situationen und schnellen technologischen Entwicklungen konfrontiert werden. Diese enormen Herausforderungen zeigen sich z. B. an der Einführung des neuen Entgeltsystems mit all seinen Aspekten (z. B. ICD-10, deutsche Kodierrichtlinien, Operationen-

und Prozedurenschlüssel, PEPP-Definitionshandbuch, PEPP-Entgeltkatalog). Damit Kliniken ihre Wettbewerbsfähigkeit in diesem Umfeld dauerhaft sichern oder sogar auszubauen können, sind schnelles Reaktionsvermögen, Anpassungsfähigkeit, ganzheitliches Denken sowie Patienten-, Mitarbeiter- und qualitätsorientierte Handlungsweisen unverzichtbar. Oftmals sind allerdings die bestehenden, traditionellen Organisations- und Entscheidungsformen zu schwerfällig und träge, um diesem Veränderungs- und Innovationsdruck erfolgreich standzuhalten. Daher wird bereits in vielen Unternehmen zunehmend auf temporäre Organisationsformen gesetzt, was im Krankhaussektor analog zu erwarten ist.

8.2 Einführung des berufsgruppenübergreifenden Dokumentationskonzeptes

Im Folgenden wird eine Herangehensweise für die Einführung des berufsgruppenübergreifenden Dokumentationskonzeptes beschrieben. Anhand eines Phasenmodells werden die unterschiedlichen Aktivitäten rund um das Projekt in eine logische Abfolge gebracht. So wird einerseits die Komplexität des Projekts reduziert und andererseits hilft es, den Projektablauf transparenter zu machen. Außerdem sind so auch inhaltliche und prozessorientierte Strukturierungen sowie ein geordnetes und systematisches Abarbeiten von Teilaufgaben möglich.

Bei der Einführung eines berufsgruppenübergreifenden Dokumentationskonzeptes wird exemplarisch von einer allgemeinpsychiatrischen Klinik ausgegangen. Dabei werden vier Phasen unterschieden, wie in Abbildung 24 dargestellt (vgl. Bergmann & Garrecht, 2008).

Um das Erreichen oder Nichterreichen von wichtigen Ergebnissen innerhalb einer Projektphase überprüfen zu können, ist es erforderlich, dass im gesamten Projektverlauf sog. Meilensteine festgelegt werden (mindestens am jeweiligen Ende

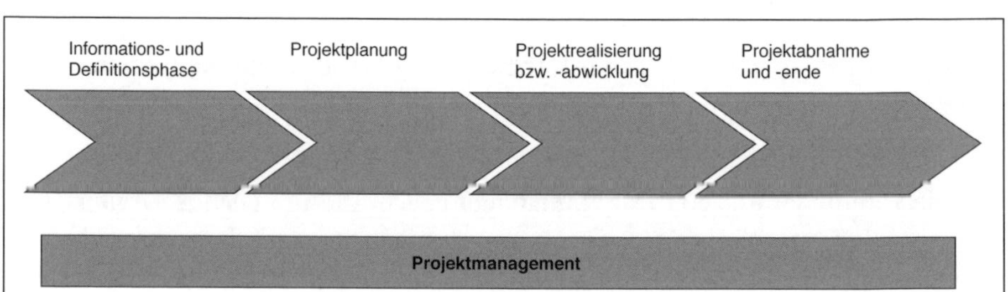

Abbildung 24: Vier-Phasenmodell – Projektmanagement bei der Implementierung eines berufsgruppenübergreifenden Dokumentationsstandards in einer psychiatrischen Klinik

einer Phase). Das Vorgehen in einem Projekt muss von Beginn an gut geplant werden. Eine Projektmanager-Weisheit bringt es auf den Punkt „Sage mir, wie dein Projekt beginnt und ich sage dir, wie es endet“ (Stöger, 2007, S. 55).

8.3 Informations- und Definitionsphase

Projektanstoß

Basierend auf einer Defizitanalyse und der Feststellung der Projektwürdigkeit, erfolgt die Formulierung des Projektauftrages. In diesem werden das Globalziel, die Projektpriorisierung, die Aufgabenstellung sowie die Verantwortlichkeiten und Ressourcen festgehalten. Zu beachten ist, dass in diesem Stadium nicht bereits die konkrete Vorgehensweise bei der Implementierung von Dokumentationsstandards in der gesamten Klinik festgelegt wird, sondern dies zunächst im Rahmen einer Vorstudie erfolgt.

Instanzen des Projektmanagement

Klare Strukturen und damit geordnete Machtverhältnisse stellen den tragenden Boden für Projektarbeit dar. Als sinnvolle Instanzen haben sich bei Projekten folgende Gruppen bewährt:
- Entscheiderkreis,
- Projektleitung,
- Projektteam.

Eine zentrale Instanz stellt der Entscheiderkreis (= Steuerkreis, Lenkungsausschuss, Chefarzt, Auftraggeber) dar, welcher meist aus Personen des Top-Managements besteht und richtungweisende Grundsatzentscheidungen der Unternehmung fällen kann (vgl. Mikosch, 1995). Dieser tagt regelmäßig und wird kontinuierlich vom Projektleiter bzw. Projektteam über den aktuellen Stand des Projektes informiert.

Der Projektleiter ist für die operative Abwicklung und Führung des Projektes verantwortlich. Üblicherweise liegt die Gesamtleitung dabei „in einer Hand“. Das Projektteam ist ganz entscheidend für das Gelingen des Projekts verantwortlich.

Situationsanalyse

Zunächst gilt es mittels einer Situationsanalyse den Ist-Zustand der Einführung von Dokumentationsstandards in Bezug auf diverse Aspekte zu analysieren, beispielsweise hinsichtlich von Klinik- und Abteilungsstrategien, von Klinik- und Abteilungszielen sowie vorhandener Regelungen und deren tatsächlichen

Anwendbarkeit. Dabei wird eine umfassende Einschätzung dieses Sachverhaltes aus verschiedenen Blickwinkeln möglichst vieler Beteiligter angestrebt. Hierbei sollten Interviews und umfangreiche Literaturrecherche zum Einsatz kommen, auch eine Befragung durch Fragebögen bietet sich an.

Für eine klare Beschreibung der Ausgangssituation sollte am Ende dieser Phase die Beantwortung folgender Fragen möglich sein (in Klammern sind Beispiele aus der Praxis vermerkt):

- Worum geht es im Projekt? (Implementierung von berufsgruppenübergreifenden Dokumentationsstandards als Beitrag zur Qualitätssicherung).
- Welche Chancen bietet das Projekt, welche Hindernisse stellen sich ihm in den Weg? (Chancen: System dient zur Verkürzung der Dokumentationszeiten, Optimierung der klinikinternen und individuellen Arbeitsabläufe, Steigerung der Arztbrief-Qualität, Hindernisse: Ängste vor Veränderung, Einengung auf Vokabelsettings, Schulungsbedarf von Mitarbeitern).
- Wie genau sieht die Ist-Situation aus? (Viele Insellösungen: keine gemeinsame Dokumentationsterminologie; Kaum nachvollziehbare/kontrollierbare Abläufe; Kein einheitlicher Standard: z. B. unterschiedliche Inhalte, unzureichende Darstellung des Behandlungsauftrages und der Therapieziele; Wo liegen die Ursachen der Probleme? Es fehlt eine vorgegebene Struktur, unklare Verantwortlichkeitsbereiche, zu wenig Transparenz hinsichtlich der medizinischen und auch ökonomischen Konsequenzen von inplausiblen Dokumentationen).
- Welche Einflussgrößen oder Faktoren sind zu berücksichtigen? (Budget, Klinikverwaltung/Klinikträger, Mitarbeitermotivation, Benutzerfreundlichkeit der Systematik, vorhandene/bekannte Insellösungen).
- Welche Randbedingungen oder Vorgaben grenzen das Projekt ein? (Budget, begrenzte personelle Ressourcen).
- Wo gibt es Schnittstellen zu anderen Bereichen und Projekten und worin bestehen diese? (Gibt es bereits andere Abteilungen/Kliniken/Bereiche, welche diese Systematik benutzen, und können diese Synergien genutzt werden? Existieren zeitgleich andere Projekte oder Infrastrukturen, die evtl. ebenfalls genutzt werden können?).
- Wo sind die Risiken im Projekt, wo lauern besondere Gefahren? (Zu geringe Mitarbeiterakzeptanz, Schulungen sind nicht gewährleistet).
- Welche Faktoren entscheiden vor allem über den Erfolg? (Mitarbeiter nehmen die Systematik an, Dokumentationsqualität nimmt zu, Dokumentationszeiten sinken, Liquidität nimmt zu).

Zielformulierung

Im Anschluss an die Situationsanalyse muss eine Zielformulierung vorgenommen werden. Als Hilfestellung bietet sich hier die SMART-Methode an (vgl. Tab. 3; TRUECARE GmbH, 2014; Doran, 1981).

Tabelle 3: SMART-Methode

Ziel-Charakteristik		Beispiele
S =	Spezifisch	neue Dokumentationssystematik
M =	Messbar	dokumentiert, nachvollziehbar
A =	Ausführbar	Personal, Systematik vorhanden
R =	Relevant	effektiver, bessere Qualität, ökonomischer
T =	Terminiert	Einführung: Start-Stopp, z. B. 12 Monate

Bei umfangreichen Projekten ist es sinnvoll, Ziele zu priorisieren bzw. Zielkataloge zu erstellen (vgl. Abb. 25). Sinnvoll, und in der Praxis etabliert, hat sich die Unterscheidung in

- *Muss-Ziele:* Bei Nichterreichen dieser Ziele gilt das Projekt als gescheitert. Auflagen sind bindend und zwingend zu befolgen, auch wenn das Projekt dadurch teurer wird oder sich verzögert.
- *Soll-Ziele:* Wenn möglich, müssen Soll-Ziele erreicht werden. Ein Projekt gilt bei Nichterreichen der Ziele jedoch nicht als gescheitert.
- *Kann-Ziele:* Kann-Ziele können auch als Wunsch-Ziele bezeichnet werden.

Projekt: Dokumentation	**Datum:**
Projektleiter: z. B. Oberarzt/Pflegedienst	**Termin:**
Zielbeschreibung: Implementierung von berufsgruppenübergreifenden Dokumentationsstandards	
Teilziele:	**Messgrößen:**
<u>**Muss-Ziele:**</u> 1: Eine berufsgruppenübergreifende Dokumentationssystematik wird innerhalb von 12 Monaten für alle autorisierten Mitarbeiter eingeführt 2: Patientendaten können dezentral eingepflegt werden 3: Alle Nutzer verfügen aufgabenbezogen über den gleichen Informationsstand/Nutzungsrechte 4: Dokumentationszeit sinkt auf unter 5 min. pro Patient und Tag nach 12 Monaten Laufzeit	1: Die Beschreibung des Anforderungsprofils liegt vor, zeitliche Rahmen beträgt 12 Monate 2: Ein Konzept der Verantwortlichkeiten/Befugnisse liegt vor 3. Involvierte Berufsgruppen sind beschrieben 4: Kostendeckung durch festgelegtes Budget
<u>Soll-Ziele:</u> 1: Das System ist einfach zu bedienen und modulierbar 2: Der Zugriff auf Patientendaten ist einfach 3: Die Arbeitsabläufe werden effektiver, die Qualität besser 4: Die Bearbeitungszeiten und Patientendaten sind messbar 5: Nutzer haben die Sinnhaftigkeit verstanden 6: Liquiditätssteigerung durch weniger Reklamationen	1: Nach einer Schulung können 90 % der Mitarbeiter das System anwenden. 2: Anzahl der Schritte bis zur Information 3: Mitarbeiter-Vorschlagsverfahren ist etabliert 4: Statistische Auswertung ist möglich 5: Befragung einzelner Nutzer, Manual 6: Vergleichsmessung an beispielhaften Arbeitsabläufen
Kann-Ziele:	
Randbedingungen:	

Abbildung 25: Zielkatalog – Beispiel

Projektauftrag

Im nächsten Schritt werden die Ergebnisse aus der Ist-Analyse (Situationsanalyse) mit den anzustrebenden Zielen (Zielformulierung) verglichen. Es wird also ein Soll-Ist-Vergleich und zudem eine Kosten-Nutzen-Analyse durchgeführt, um die Rentabilität der Einführung von berufsgruppenübergreifenden Dokumentationsstandards für die Klinik bewerten zu können. Aus diesen Ergebnissen und Einschätzungen ergibt sich der Handlungsbedarf. Das Top-Management (Auftraggeber) fällt nun, unter Berücksichtigung aller Ergebnisse der Ist-Analyse, der Zieldefinition und der Organisationsüberlegungen die endgültige Entscheidung über den Start der Einführung von berufsgruppenübergreifenden Dokumentationsstandards. Die Zielsetzung des Projektes wird vom Auftraggeber schriftlich im Projektauftrag festgehalten. Es gilt der Merksatz: „Kein Projekt ohne schriftlichen Projektauftrag und kein Projektstart ohne Klarheit über den Projektauftrag". Ein Beispiel für einen Projektauftrag zeigt Abbildung 26.

Projektname: Psy-Doku	**Projektnummer:**	**Projektleiter: OA**	**Auftraggeber: Chefarzt**
Problemstellung: Was ist der Grund für das Projekt, welches ist der strategische Zweck? Die bisherige Dokumentation ist innerhalb der Berufsgruppen und berufsgruppenübergreifend inkonsistent, nicht standardisiert und zugleich Ursache für qualitative und ökonomische Einbußen.			
Projekt-Ziel:	Was soll das Ergebnis sein, welchen Nutzen soll es für wen stiften?		
Zielbeschreibung: Implementierung von berufsgruppenübergreifenden Dokumentationsstandards in der Klinik XY			
Organisation:	Wer ist dafür verantwortlich und hat welche Kompetenzen?		
Auftraggeber: Chefarzt		Ausschüsse: Entscheiderkreis	
Projektleiter: Oberarzt/Pflegeleitung		Projektteam: Einführungsprojektteam	
Termine:	Wann beginnt bzw. endet was?		
Start Phase:	Meilensteine: Meilensteinplan wird vorgelegt bis zum:		
Ende Phase:	Ende Projekt: nach 12 Monaten		
Ressourcen:	Welche Ressourcen stehen zur Verfügung?		
Projektbudget: 1 Pflegekraft für 12 Monate, monetäre Mittel nach Absprache			
Personelle Ressourcen: 1 OA zu 15 %, 1 Pflegekraft zu 75 %, 1 Sekretärin zu 10 %			
Restriktionen:	Welche Randbedingungen/Auflagen/Schnittstellen sind zu berücksichtigen?		
Schnittstellen zu anderen Berufsgruppen, Nachbarabteilungen, niedergelassene Kollegen, Verwaltung (Pat.-Abrechnung, usw.)			
Riskiomanagement:	Welche Risiken sind zu erwarten, wie wird diesen begegnet?		
=> Wird im Rahmen einer Analysephase noch bestimmt, Grobplanung wird vorgelegt bis zum:			
Planung: Wie sieht die Detailplanung/Grobplanung aus?	=> Wird noch bestimmt; Planung wir vorgelegt bis zum:		
Berichtwesen: Wem wird wann und in welcher Form Bericht erstattet?	Quartalsberichte an Auftraggeber		
Auftraggeber/Datum/Unterschrift	**Projektleiter**/Datum/Unterschrift		

Abbildung 26: Projektauftrag – Beispiel

8.4 Planungsphase, Erarbeitungsphase und Projektorganisation

Durch die Entwicklung eines systematischen Planes zum Vorgehen, auf der Basis des Projektauftrages, entsteht ein umfassendes Projektmanagement-Konzept, welches Grundlage für eine erfolgreiche Realisierung der Implementierung von berufsgruppenübergreifenden Dokumentationsstandards ist.

In Abhängigkeit der verfolgten Ziele wird für die Dauer des Projektes eine geeignete Organisationsform ausgewählt. In dieser wird das Zusammenspiel der beteiligten Mitarbeiter festgelegt, die Entscheidungsabläufe zwischen den verschiedenen Projektbeteiligten werden vereinbart (vgl. Litke, 2004, S. 64 f.). Die ausgewählte Organisationsform sollte in der Lage sein, die gesteckten Ziele zeitnah zu realisieren. Die Organisatoren des Projektes haben folgende Kriterien zu erfüllen:

- Klare Projektzielvorgabe oder gemeinsame Zielerarbeitung.
- Klare organisatorische Einbindung der Teilnehmer.
- Klare Definition der Kompetenz des Projektleiters (fachlich/disziplinarisch) und des Projektteams.
- Festlegen der Kompetenzen der Projektgruppe im Unternehmen.
- Festlegen der interdisziplinären Fachvertretung und der Fachkompetenz im Projekt.
- Einbinden von Benutzern und Betroffenen (Transparenz schaffen).
- Die Zusammenarbeit sollte in einer Form erfolgen, die die Kommunikation und Kreativität fördert.
- „Anschlussfähigkeit“ an die Stammorganisation.

Es können drei Grundmodelle der Projektorganisation unterscheiden werden, die sich in Bezug auf den Grad der Unabhängigkeit der Projektorganisation von der Linienorganisation voneinander unterscheiden und daher unterschiedliche Vor- und Nachteile aufweisen (Wagner, 2014, S. 38):

- Stabs-Projektorganisation,
- Reine Projektorganisation,
- Matrix-Projektorganisation.

Die Matrix-Projektorganisation ist die am häufigsten verwendete Organisationsform. Aufgrund der zweidimensionalen Weisungsstruktur nimmt die Matrix-Projektorganisation eine Mittelstellung bei den Grundmodellen ein. Die Organisationsform ist durch eine Teilung der Verantwortungs- und Entscheidungsbefugnisse zwischen dem Projektleiter und den Leitern der beteiligten Fachabteilungen (Oberärzte der Stationen) gekennzeichnet. Das heißt, dass einzelne Mitarbeiter (z. B. Assistenzärzte, Sekretärinnen, EDV-Beauftragte) im Rahmen ihres Mitwirkens am Projekt einerseits dem Projektleiter unterstellt sind und andererseits jedoch bei der Bearbeitung von Fachbereichsaufgaben an die disziplinarischen und fachlichen Weisungen des Linienvorgesetzten (Oberarzt) gebunden sind.

Für eine Matrix-Projektorganisation spricht die Zusammenführung von speziellem Fachwissen und besonderer Projekterfahrung. Daneben ist durch den ständigen Kontakt zur Linienorganisation eine kontinuierliche fachliche Weiterbildung gewährleistet. Bei dieser Organisationsform wird gegenüber der Stabs-Projektorganisation der „Stationsegoismus" reduziert und eine ganzheitliche, integrative Betrachtung gefördert. Darüber hinaus ermöglicht die Matrix-Projektorganisation einen flexiblen Personaleinsatz. Der größte Nachteil der Matrix-Projektorganisation ergibt sich allerdings aus den unterschiedlichen Interessenlagen von Linie und Projekt und dem daraus resultierendem Konfliktpotenzial. Insofern bestehen bei dieser Organisationsform ein hoher Koordinationsaufwand sowie hohe Anforderungen an die Informations- und Kommunikationsbereitschaft. Solange keine entsprechende Matrix-Kultur vorherrscht bzw. sich gebildet hat, ist es möglich, dass sich die „Doppelunterstellung" der Mitarbeiter nachteilig auswirkt.

Insgesamt handelt es sich bei einer Matrix-Projektorganisation um eine ausgewogene Organisationsform. Sie eignet sich daher insbesondere für Unternehmungen mit vielen mittleren und kleineren Projekten. Abbildung 27 zeigt ein Beispiel.

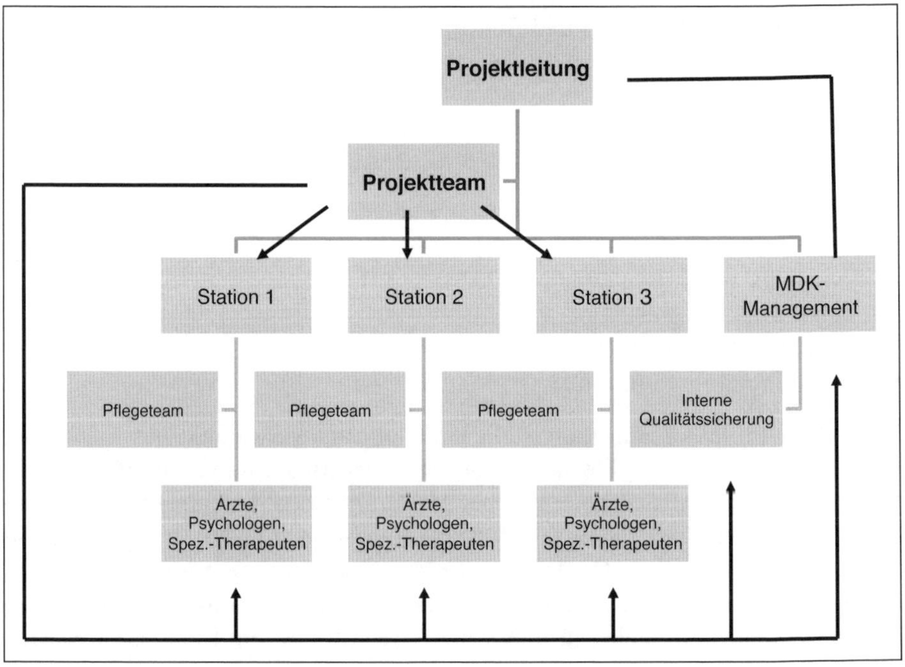

Abbildung 27: Matrix-Projektorganisation – Beispiel

Projektstrukturplan

Der Projektstrukturplan (PSP) ist die Gliederung und Darstellung des Projekts in Einzelschritten (Hauptaufgaben, Teilaufgaben, Arbeitspakete). Vorteilhaft dabei ist, dass die Einzelschritte weniger komplex und umfassend als die Gesamtaufgabe sind und sich die Einzelschritte daher einfacher, genauer und konkreter planen lassen. Ein PSP ist die vollständige hierarchische Anordnung aller Teilaufgaben eines Projekts, wobei angestrebt werden sollte, ihn soweit aufzugliedern, dass auf der untersten Ebene Arbeitspakete entstehen (vgl. Bea, Scheurer & Hesselmann, 2008, S. 140f.). Unter einem Arbeitspaket wird dabei eine Aufgabe verstanden, welche so eindeutig abgegrenzt ist, dass sie in einer eigenen organisatorischer Einheit (Abteilung, Team, Mitarbeiter, externe Stelle) erledigt werden kann. Die Darstellung erfolgt meist in Form von Listen (tabellarisch) oder Organigrammen (Baumstruktur). Abbildung 28 gibt ein Beispiel.

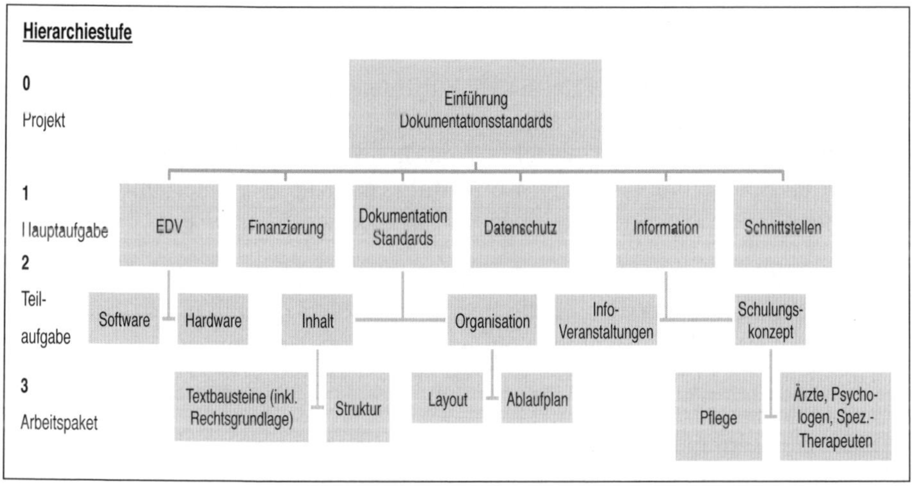

Abbildung 28: Projektstrukturplan – Beispiel

Der PSP soll ein gemeinsames Verständnis des Projektumfangs für alle Projektmitglieder schaffen und Außenstehenden den tatsächlichen Umfang des Projekts verdeutlichen. Er ist neben der Zieldefinition, dem Zielkatalog, die wichtigste, schwierigste, häufig auch am meisten vernachlässigte Aufgabe im gesamten Projektmanagement.

Projektablaufplan

Im Vorfeld der detaillierten Terminplanung wird zunächst aus dem Projektstrukturplan (PSP) ein Projektablaufplan (PAP) entwickelt, der die wechselseitigen Abhängigkeiten im Projekt verdeutlicht. Die Abhängigkeiten bzw. Beziehungen und die Abfolge ergeben sich beispielsweise aus der Beantwortung der folgenden Fragen:

- Welche Arbeitspakete sind voneinander unabhängig?
- Die Erledigung welcher Arbeitspakete ist unmittelbare Voraussetzung für Folgeaktivitäten?
- Welche Arbeitspakete müssen nacheinander bearbeitet werden?
- In welcher Reihenfolge muss die Bearbeitung erfolgen?
- Welche Vorgänge lassen sich parallel bearbeiten?

Der Projektablaufplan (PAP) bringt die Aufgaben des Projektstrukturplans (PSP) in eine logisch zeitliche sowie inhaltliche Ausführungsreihenfolge. Dies bildet die Grundlage dafür, ob ein Projekt bei den gegebenen Rahmenbedingungen (Mitarbeiter, Material und Sachmittel) überhaupt durchgeführt werden kann (vgl. Bea, Scheurer & Hesselmann, 2008).

Detaillierte Terminplanung

Für die konkrete Umsetzung der im PAP festgelegten Aufgaben wird ein spezieller Einführungsplan erstellt. Dieser beinhaltet den definitiven Beginn der Implementierung und legt fest, welcher Unternehmensbereich zuerst Gegenstand der Einführung ist und in welcher Reihenfolge die anderen Unternehmensbereiche in den Einführungsprozess einbezogen werden (vgl. das Beispiel in Abb. 29).

In Abhängigkeit der Komplexität des Projektes kommen für die Darstellung des zeitlichen Ablaufs unterschiedliche Instrumente zur Anwendung:

- Industriekalender (fortlaufende Nummerierung der Arbeitstage),
- Tabellarische Liste (Termine und Verantwortlichen werden in eine Liste eingetragen),
- Balkendiagramm (Vorgänge werden zeilenweise eingetragen),
- Netzplantechnik (netzplanartige Verknüpfung aller Termine).

Ressourcen- und Kostenplanung

Als Ressourcen werden alle im Projekt eingesetzten Mittel bezeichnet, die Zeit- und Kostenaufwand oder direkte Geldausgaben verursachen. Darunter werden beispielsweise folgende Aspekte subsummiert:

- Alle internen und externen Projektmitarbeiter.
- Die Benutzung bzw. Miete von speziellen Einrichtungen (Räume, Maschinen, Instrumente, EDV etc.).
- Notwendige Anschaffungen.
- Übrige direkte Kosten (Spesen, Gebühren, Versicherungen etc.).

Ein reibungsloser Projektablauf ist nur dann gewährleistet, wenn die benötigten Ressourcen entsprechend zur Verfügung stehen, und zwar in der richtigen Art

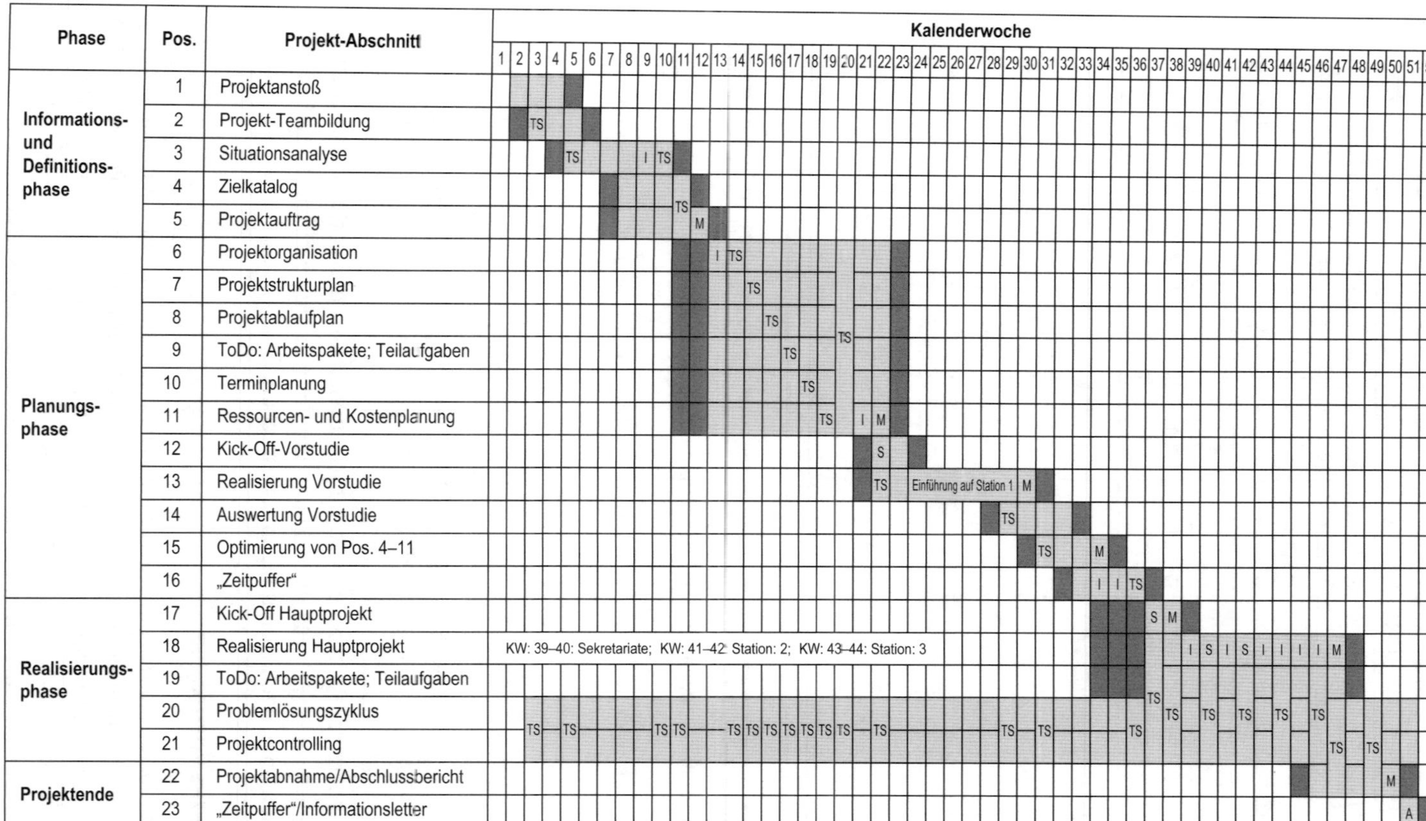

Legende: M = Meilenstein; I = Informationsletter; S = Schulungen; A = Abschlussbericht; TS = Teamsitzung ■ Überschneidung möglich

Abbildung 29: Termindetailplanung – Beispiel

Projekt:			Tätigkeiten und Termine		Datum:		Name:	Blatt-Nr.:
Bsp.	Anzahl	Tätigkeit/ Kostenart	Dauer	Projektkosten/ Personal / Investition	Ress.- Einsatzanteil	Kostensatz pro Einheit	Gesamtkosten (€)	Fälligkeit Anfang – periodisch – Ende
PC	10	Sachmittel		Investition	600,00/Stck	500,00	5000,00	ab Lieferung
Fach-pflege	1	Projekt-team	12 Monate	Personal	2800,00 €/ Monat	140,00	33600,00	monatlich

Abbildung 30: Ressourcen- und Kostenplanung – Beispiel

und Qualität, in der richtigen Menge, zur richtigen Zeit und am richtigen Ort (vgl. Abb. 30).

Das Ende der Planungsphase ist einer der wichtigsten Meilensteine. Zu diesem Zeitpunkt beurteilt der Auftraggeber die bisherigen Ergebnisse und entscheidet über die Freigabe der Realisierungsphase. Zudem ist es in dieser Phase sehr wichtig, die Akzeptanz des Projekts, also die Einführung von berufsgruppenübergreifenden Dokumentationsstandards kontinuierlich zu fördern. Dies erfolgt einerseits in Form von Informationsveranstaltungen, die Mitglieder des Entscheiderkreises leiten. Andererseits verbreiten sich Informationen über die Vorteile der neuen Methoden auch durch die Teammitglieder, die diese an ihre Kolleginnen und Kollegen in den jeweiligen Abteilungen weitergeben.

Vorstudie/Vorprojekt

Die Grundlagen für das einzuführende Projekt werden in einer Vorstudie gelegt, so dass bereits in dieser Phase Fehler identifiziert werden können, welche zwangsläufig zu massiven Problemen in der Zukunft führen würden. Somit hat das Vorprojekt eine zentrale Bedeutung für das Gesamtprojekt. Als Ergebnis sind entsprechende Lösungsprinzipien und Vorgehenskonzepte zu erwarten.

Die neuen Arbeitsmethoden werden in dieser Phase in einzelnen Pilotprojekten erprobt, die einerseits nicht zu trivial und andererseits auch nicht zu komplex angelegt sein sollten. Die Vorstudie wird mit einem Kick-Off-Meeting offiziell gestartet. Aus den Erfahrungen der Vorstudie ergibt sich die Möglichkeit, Mängel schnell zu erkennen und zu beheben. Erfahrungsgemäß sprechen sich erzielte Erfolge außerdem relativ schnell in der gesamten Klinik herum, so dass etwaig noch bestehende Widerstände beseitigt werden können. Für die Auswahl von Pilotprojekten kommen Klinikbereiche in Frage, welche sich durch hohe Selbstständigkeit und Qualifikation auszeichnen. Krisenbereiche der Klinik sind nicht für die Erprobung der neuen Methoden geeignet, da hierbei das Risiko des Scheiterns zu groß ist. Die Einführungsprojektgruppe hat in diesem Zusammenhang eine unterstützende Funktion für die Pilotprojekte. Daneben sind Schulungen der Mitarbeiter für ein erfolgreiches Projektmanagement unverzichtbar.

8.5 Realisierungsphase

Die Realisierungsphase überschneidet sich häufig mit der Planungsphase. In der Realisierungsphase geht es um die Implementierung der theoretischen Ergebnisse in die Unternehmenspraxis. Es geht also um die konsequente Anwendung der erarbeiteten Methoden und Gestaltungselemente im Klinikalltag unter Berücksichtigung der in der Vorstudie gesammelten Erfahrungen. Je früher eine theoretisch entwickelte Methode in der Praxis angewendet wird, desto eher wird die Anpassung dieser Methode an die tatsächlichen Notwendigkeiten gelingen.

Projektstart („Kick-Off-Meeting")

Der offizielle Projektstart bringt Klarheit und Übersicht für die am Projekt beteiligten Mitarbeiterinnen und Mitarbeiter, beugt Konflikten vor und fördert die Identifikation mit dem Projektvorhaben, seinen Zielen und den angestrebten Ergebnissen. Inhaltlich wird in diesem Rahmen der bisher vereinbarte Projektauftrag vorgestellt. Es findet dabei eine Klärung der Erwartungen und Interessen der Mitarbeiter statt. Weiterhin erfolgt eine Vorstellung und die Vereinbarung des Gesamtprojektplans. Auch werden Kommunikationsregeln erarbeitet und die Teamentwicklung gefördert (vgl. das Beispiel in Abb. 31).

Problemlösungszyklus

Im Verlauf der Realisierungsphase ist kontinuierlich zu prüfen, ob die Möglichkeit besteht, Verfahren, Abläufe und Formulare noch weiter zu vereinfachen und zu verbessern, um so für auftretende Probleme systematisch Lösungen erarbeiten zu können. Der in Abbildung 32 dargestellte Problemlösungszyklus liefert dafür eine Systematik.

Projektstart – Checkliste Kick-Off-Meeting am: ___________

Sinn und Zweck
bringt Klarheit und Übersicht für die am Projekt beteiligten
beugt Konflikten vor
fördert Identifikation mit Projektvorhaben, seinen Zielen und den angestrebten Ergebnissen

Beteiligte	Anwesend: ja	nein
- Auftraggeber (erklärt Ziele und gewünschten Ergebnisse)	O	O
- Späteren Anwender (können wichtige Informationen zur Ausgangssituation geben und erhalten Informationen, welche Rolle ihnen zugedacht wurde	O	O
- Projektleiter	O	O
- Einführungsprojektteam	O	O

Kick-Off-Inhalte
- Würdigung der bisherigen Arbeit (inkl. Stärken u. Schwächen)
  - Was lief bisher gut?
  - Was bleibt erhalten?
  - Wo brauchen wir Neuerungen?

„Projektbeteiligte ins Boot holen"
- Vorstellung des bisher vereinbarten Projektauftrages
- Klärung der Erwartungen und Interessen der Mitarbeiter
- Vorstellung und Vereinbarung des Gesamtprojektplans
- Erarbeitung von Kommunikationsregeln
- Teamentwicklung fördern

Kick-Off-Ergebnisse
- Projektauftrag ist geklärt, hat die notwendige Kontur und Klarheit
- Alle Beteiligten wissen, was erreicht werden soll (d. h. Ziele, die erwarteten Ergebnisse, Nutzen, Kosten, Zeiten)
- Vorlage eines Projektentwurfes (Gesamtplan, welcher Teilaufgaben inkl. Terminierungen enthält)

Abbildung 31: Checkliste für den Projektstart – Beispiel

Projektsteuerung und Projektcontrolling

Bei der Projektsteuerung handelt es sich um ein Instrument, welches die einzelnen Schritte im Sinne der Zielerreichung kontinuierlich überprüft („Frühwarnsystem bei Abweichungen"). Ein regelmäßiger Erfahrungsaustausch mit dem Projektleiter bzw. Projektteam macht deutlich, an welchen Stellen des Projekts noch Probleme auftreten (vgl. Litke, 2004, S. 161 f.). Diese „permanente Überwachung" unterstützt die Projektleitung, die einzelnen Maßnahmen zielorientiert zu planen, zu steuern und zu lenken. An Steuerungsmaßnahmen sind zu nennen:

- Korrekte Zielformulierung und Projektplanung.
- Periodische Koordinationssitzungen des Projektteams.
- Wenn nötig, sofortige Ergänzung der Detailziele (Genehmigung Auftraggeber einholen).
- Generell: Ständiges Überprüfen aller Ziele und Planungen (Soll-Ist-Vergleich).
- Konsequentes Fällen der Entscheidungen seitens des Auftraggebers.

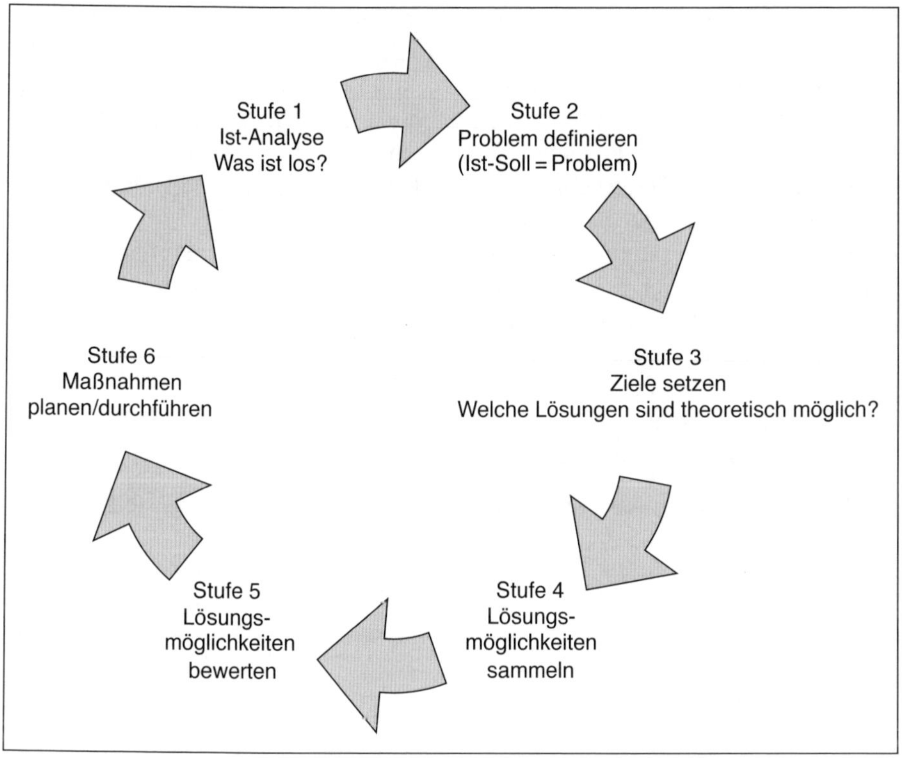

Abbildung 32: Problemlösungszyklus

Projektcontrolling kann in drei Phasen stattfinden:

- Im Vorfeld, in der Vorbereitungs- und Planungsphase.
- Während des Projekts, zur Unterstützung der Durchführung und Steuerung.
- Im Anschluss an das Projekt, bei der Erfolgsmitteilung des Projekts.

Bis die berufsgruppenübergreifende Dokumentationssystematik flächendeckend eingeführt ist, werden im Verlauf der Realisierungsphase die Aufgaben also zunehmend unter Anwendung der neuen Methoden bearbeitet. Hier zeigt sich dann auch, ob noch gravierende Fehlplanungen oder Widerstände in der Unternehmung existieren und ob in der Vergangenheit ausreichend Akzeptanz für die neuen Methoden geschaffen werden konnte.

8.6 Abschlussphase – Projektabnahme und -ende

An der Abschlussphase des Projektes sind das Einführungs-Projektteam, der Projektleiter, der Auftraggeber sowie betroffene Mitarbeiterinnen und Mitarbeiter beteiligt. In dieser Phase wird geklärt, ob die verfolgten Ziele tatsächlich erreicht wurden oder ob eventuell noch Handlungsbedarf besteht. Voraussetzung dafür ist eine eindeutige Definition der ursprünglichen Ziele und eine Verfolgung von Maßzahlen. Des Weiteren sind auch subjektive Einschätzungen, zum Beispiel über Zufriedenheitsgrad und Innovationsfähigkeit, möglich. Die folgenden Ziele sind – in Anlehnung an Tiemeyer (2002) – mit der Abschlussphase verbunden:

- Abnahme der Projektergebnisse durch den Auftraggeber und zeitgleich offizielle Beendigung der Projektarbeit.
- Sicherung der gesammelten Erfahrungen (Know-how-Sicherung) und Klärung, was aus diesen Erfahrungen für die Zukunft gelernt werden kann.
  - Würdigung der geleisteten Arbeit,
  - Reflexion der Ergebnisse und des Weges,
  - kontinuierliche Verbesserung der Projektarbeit,
  - Abschlussbericht,
  - Auflösung der Projektorganisation.

Ein Beispiel für einen Abschlussbericht ist in Abbildung 33 dargestellt.

Projekt: Implementierung von berufsgruppenübergreifenden Dokumentationsstandards			**Abschlussbericht** **Datum:**
Auftraggeber: Projektleiter: Einführungsprojektteam:	Start: Ende: Zeitplan eingehalten: Unterbrechung (von – bis); Begründung -		Veranschlagte Kosten: Tatsächliche kosten: Differenz-Betrag:
Muss-Ziele: 1: Eine berufsgruppenübergreifende standardisierte Dokumentationssystematik wird innerhalb von 12 Monaten für alle autorisierten Mitarbeiter eingeführt 2: Patientendaten können dezentral eingepflegt werden 3: Alle Nutzer verfügen aufgabenbezogen über den gleichen Informationsstand/Nutzungsrechte 4: Dokumentationszeit sinkt unter 5 Min. pro Patient und Tag nach 12 Monaten Laufzeit Bemerkung:	J J J (J)	Soll-Ziele: 1: Das System ist einfach zu bedienen und modulierbar 2: Der Zugriff auf Patientendaten ist einfach 3: Die Arbeitsabläufe werden effektiver, die Qualität besser 4: Die Bearbeitungszeiten und Patientendaten sind messbar 5: Nutzer haben die Sinnhaftigkeit verstanden 6: Liquiditätssteigerung durch weniger MDK-Reklamationen	J J J J (J) (J)
Kann-Ziele: - -	Ja/ nein?	Teilaufgaben erfüllt: Arbeitspakete abgearbeitet:	Ja/ nein
Bemerkung (z.B. Fehleranalyse, Verbesserungsvorschläge, noch anstehende Erledigungen, etc.)			
Hausinterner Ansprechpartner:	Technischer Support über:	Projektunterlagen werden gelagert: (Ort):	

Abbildung 33: Projektabschlussbericht – Beispiel

9 Schulungskonzept – Ein Beispiel für die Einführung des berufsgruppenübergreifenden Dokumentationskonzeptes

Einem fein auf das Projekt abgestimmten Schulungskonzept für die Mitarbeiterinnen und Mitarbeiter, welches zeitlich in der Einführungsphase platziert ist, kommt eine zentrale Bedeutung zu. Es baut Wissensdefizite ab und sorgt für Transparenz in Bezug auf anstehende Veränderungen.

Das Schulungskonzept ist ein Teil des gesamten Projektmanagements. Infolgedessen wiederholen sich die Projektablaufphasen. In der Praxis hat sich die im Folgenden beschriebene Herangehensweise bewährt.

Zunächst ist es sinnvoll, den genauen Bedarf an Mitarbeiterschulungen zu eruieren. So können inhaltliche Schwerpunkte für die Mitarbeiterschulungen ermittelt werden. Diese Prüfung sollte Fragestellungen beinhalten, wie z. B.:

- Gibt es Wissensdefizite?
- Wenn ja, wo sind diese angesiedelt?
  - Fehlt z. B. die Transparenz in Bezug auf das Wo, Was und Wie dokumentiert werden soll?
  - Ist allen Beteiligten grundlegend bewusst, wie relevant die neue Form der Dokumentation ist?
  - Bestehen z. B. Wissenslücken im Bereich der Krankenhausabrechnung oder der Krankenhausfinanzierung?
- Welche Inhalte müssen geschult werden, welche sind relevant? (z. B. allgemeine Dokumentationskriterien, PEPP-Systematik).
- Gibt es berufsgruppenbezogene Unterschiede?
  - Verfügen z. B. speziell die Ärzte über ausreichende Kenntnisse bezüglich der korrekten Dokumentation der Nebendiagnosen?
  - Verfügen z. B. die Pflegekräfte über ausreichendes Wissen bezüglich der korrekten Pflegedokumentation?

Aus den diversen Fragestellungen ergeben sich die Ziele und Schwerpunkte der Mitarbeiterschulungen. Benötigt wird ein individuelles, auf die Klinik abgestimmtes Konzept.

Im nächsten Schritt empfiehlt es sich die Ziele und Schwerpunkte mit den Verantwortlichen der Klinik abzusprechen. Dazu gehören u. a. der Leiter der Abteilung, die Leiter der verschiedenen Berufsgruppen sowie die Dokumentationsbeauftragten.

Zeitgleich sollte eine Überprüfung der Machbarkeit stattfinden. Folgende Fragen sind dabei von Bedeutung:

- Sind ausreichende zeitliche und personelle Ressourcen vorhanden?
- Wer übernimmt die Schulungen und für welche Berufsgruppe?
- Gibt es Unterstützung durch die verschiedenen Leitungen (ärztlicher Direktor, Pflegedienstleitungen etc.)?

Die Mitarbeiterschulungen sollten zunächst getrennt für die verschiedenen Berufsgruppen erfolgen, so dass die für die jeweilige Berufsgruppe relevanten Aspekte näher beleuchtet werden können. Bei weiteren Schulungen ist es durchaus möglich, diese berufsgruppenübergreifend durchzuführen. Die Schulungen sollten gut koordiniert sein und zeitlich abgestimmt werden. Hilfreich ist die Erstellung eines Schulungsplans (vgl. Abb. 34).

Folgende Inhalte bieten sich für Schulungen an:
- Bedeutung der Dokumentation,
- Gesetzliche Grundlagen,
- PEPP-Zeitplan,
- PEPP-Systematik (PEPP-Logik, Entgeltkatalog, Wiederaufnahmeregelung),
- PEPP-Vorbereitung (Dokumentation, Dokumentationskriterien, BI-Doku-Bogen, Primär-Doku-Bogen).

Auf der dem Buch beiliegenden CD-ROM befindet sich eine Schulungs-Präsentation, die zur Unterstützung von Mitarbeiterschulungen verwendet werden kann.

Für das Team und für die Projektleitung kann es nach Ablauf der Schulungen hilfreich sein, wenn für die stationären Einheiten Ansprechpartner (z. B. die sog. „Dokumentationsbeauftragten") benannt werden. Es bietet sich außerdem an, die Leitungen der Stationen aktiv einzubeziehen sowie engagierte und motivierte Mitarbeiter aus dem Team als Multiplikatoren einzubinden.

Bei der Einführung des vorgestellten Dokumentationskonzeptes sollten die Mitarbeiterinnen und Mitarbeiter auch nach den Schulungen fortlaufend begleitet werden. Hierfür bieten sich zwei Vorgehensweisen an:
- *Möglichkeit A:* Ein Projektverantwortlicher (z. B. Mulitplikator/Leitung) nimmt an wöchentlichen multiprofessionellen Teambesprechungen teil und unterstützt in diesen Besprechungen die dort vorgenommenen Einstufungen von Patienten nach dem neuen Dokumentationskonzept durch fundiertes Wissen. Durch die Anwesenheit des Projektverantwortlichen kann die Durchführung der Einstufung nach dem neuen Konzept häufig sichergestellt werden. Vor allem in der Einführungsphase geraten Neuerungen, ohne intensive Begleitung, in Vergessenheit oder werden aufgrund von Unsicherheit nicht oder fälschlich durchgeführt. Der Vorteil dieses Vorgehens liegt also darin, dass Verständnisfragen unmittelbar geklärt werden können. Weiterhin können subjektive Einflussfaktoren durch außenstehende Personen objektiv beurteilt werden.

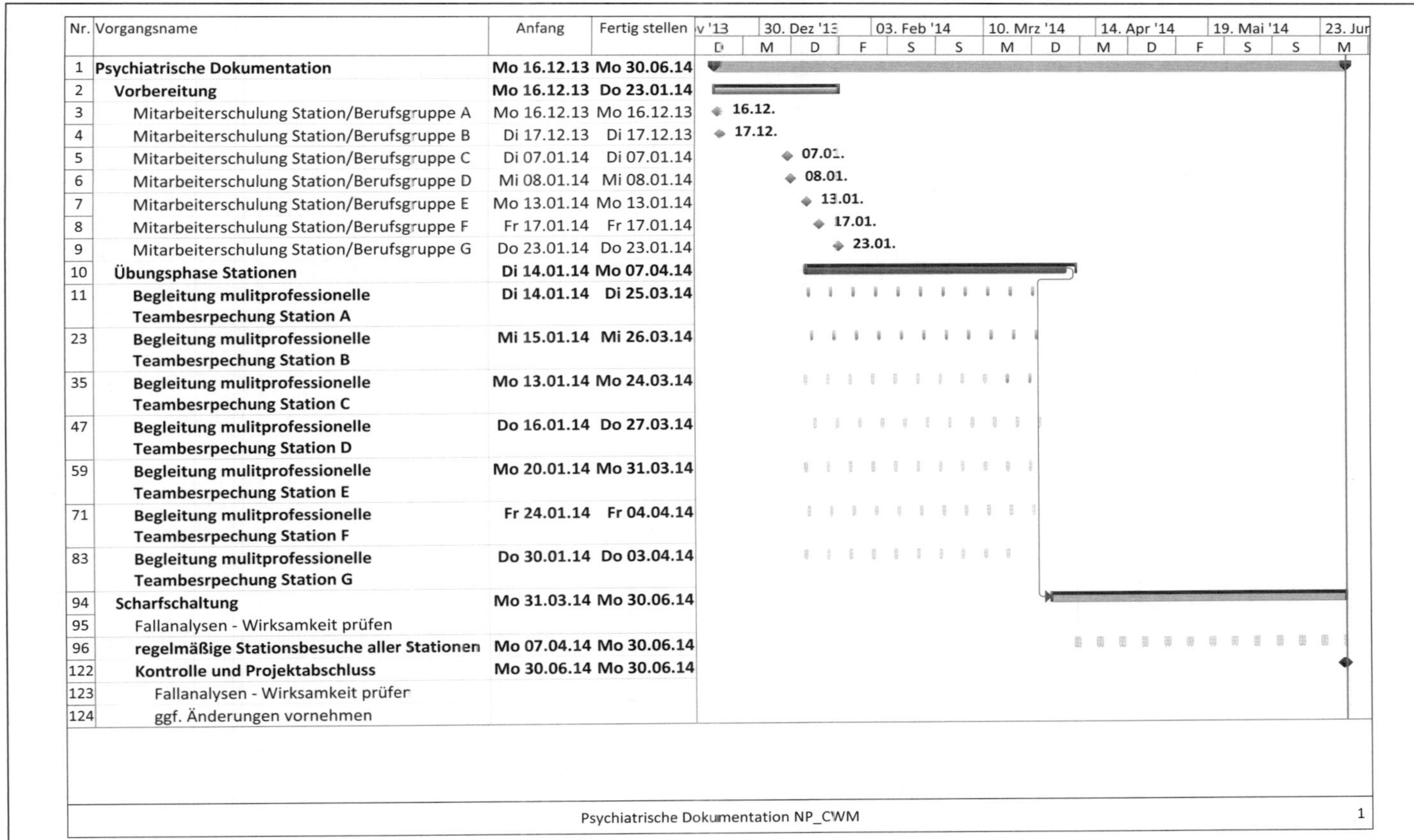

Abbildung 34: Schulungsplan – Beispiel

- *Möglichkeit B:* Der Projektverantwortliche führt „Stationsvisiten" durch, in denen die Einstufungen aller Patienten nach dem neuen Dokumentationskonzept, z. B. mit dem Stationsarzt, nochmals besprochen werden. Mit diesem Vorgehen ist ein hoher Zeitaufwand verbunden. Weiterhin könnte sich nachteilig auswirken, dass Fragen bzgl. der Einstufung eines Patienten, evtl. bereits wieder in Vergessenheit geraten sind und dass nicht alle an der Behandlung beteiligten Berufsgruppen zugegen sind.

In der Einführungsphase des neuen Dokumentationssystems sollte zudem regelmäßig ein Feedback aus den Teams eingeholt werden, z. B. hinsichtlich folgender Fragen:

- Wo liegen die Schwachstellen?
- Was ist bisher noch problematisch?
- Wie könnte es besser gestaltet werden?

Empfehlenswert ist weiterhin, dass regelmäßig die ausgefüllten Dokumentationsbögen geprüft werden, um einen Überblick darüber zu bekommen, ob die Dokumentationsbögen auf den Stationen eingesetzt werden und die Dokumentation in der vorgesehenen Art und Weise erfolgt.

Als hilfreich hat es sich auch erwiesen, wenn Materialien, wie z. B. Schulungsunterlagen, Fallbeispiele oder Leitfäden – beispielsweise in Form eines Stationsordners –, zur Verfügung gestellt werden.

Im Verlauf der Implementierung der berufsgruppenübergreifenden Dokumentationsstandards, sollten zudem regelmäßig Stationsbesuche erfolgen, um Fragen zu beantworten und Berührungsängste zu reduzieren.

10 Häufige Fragen

„Warum müssen wir das jetzt machen?"

Der Gesetzgeber gibt die Umstrukturierung der Finanzierung im Bereich der Psychiatrie, Psychosomatik sowie der Kinder- und Jugendpsychiatrie vor. Es besteht die Möglichkeit, konstruktive Verbesserungsvorschläge beim Vorschlagsverfahren des InEK und DIMDI anzubringen, aber solange eine Änderung der Gesetzgebung nicht in Sicht ist, hilft nur die sachgemäße Vorbereitung der Dokumentation nach dem neuen Entgeltsystem. Als Nebeneffekt kann die berufsgruppenübergreifende Systematik helfen, die interne Kommunikation zu verbessern und Fehler zu minimieren.

„Ich habe keine Zeit dafür."

Die Dokumentation gehört genauso wie die Patientenversorgung zu den Aufgaben der Mitarbeiterinnen und Mitarbeiter. Die Versorgung der Patienten steht natürlich im Vordergrund, dennoch muss die Fallschwere und der benötigte Aufwand dokumentiert werden. Im Hinblick auf das Finanzierungssystem sollen erbrachte Leistungen auch dementsprechend vergütet werden. Einen weiteren bedeutenden Aspekt stellt die rechtliche Situation dar. Bei rechtlichen Auseinandersetzungen kann die Dokumentation sich unterstützend im Sinne der Beweislastumkehr auswirken.

„Ich habe keine Lust, mich mit so etwas zu beschäftigen."

Geringe Akzeptanz: Hier hilft nur die sachliche und stetige Erläuterung der Notwendigkeit der Dokumentation und des Hintergrundes. Widerstände sind normal und sollten zugelassen und besprochen werden, so dass kein Frust, welcher sich kontraproduktiv auswirken kann, aufgebaut wird.

„Können wir, was wir in der Behandlung pflegerisch und therapeutisch machen, in den Leistungsbeschreibungen der OPS überhaupt ausreichend abbilden?"

Mit den Leistungsbeschreibungen der OPS lassen sich Leistungen nicht 100-prozentig abbilden. Vieles, was in der Psychiatrie tätige Berufsgruppen jeden Tag tun, verschwindet in dem, was „Residual" genannt wird. Das Betreuungsintensitätsmodell soll dem Rechnung tragen und den Arbeitsaufwand abbilden. Es bleibt aber zunächst vor allem ein Instrument der Dokumentation.

„Werde ich persönlich durch neue Dokumentationsstrukturen stärker kontrolliert und wird meine Arbeitsbelastung durch die Dokumentation noch höher?“

Es geht bei den neuen Dokumentationsstrukturen nicht um eine stärkere Kontrolle der Mitarbeiterinnen und Mitarbeiter. Es geht vielmehr darum, bisher unstrukturierte und ausufernde Behandlungsverlaufsbeschreibungen zu präzisieren. Dabei kann durchaus auch Zeit gespart werden, wenn Dokumentierende sich auf relevante, aussagekräftige Inhalte fokussieren. Eine sorgfältig reflektierte Dokumentation verhindert beispielsweise auch unprofessionelle, evtl. diffamierende Zuschreibungen von Eigenschaften. Eine sorgfältige Dokumentation muss auch persönliche Daten und Inhalte von Patienten schützen. Unsere Dokumentation ist wesentliches Instrument der Qualitätssicherung auch im Sinne der Patientenrechte. Rechtsfragen oder MDK-Prüfungen stellen ebenfalls relevante Anforderungen an ihre Qualität. Mit dem Umstieg auf das neue Entgeltsystem wird nun ein zusätzlicher Fokus auf das Leistungsgeschehen gesetzt, so dass sich die Dokumentation in umfassendem Maße direkt auf die Vergütung auswirken wird.

„Ist die Behandlung in einer geschlossenen Station nicht auch immer mit einem Intensivbehandlungsstatus verbunden?“

Nein, weil die Einstufung sich nach der tatsächlich vorhandenen Betreuungsintensität richtet, die immer wieder neu beurteilt werden muss. Therapeutische und medikamentöse Interventionen sollten idealerweise Weise ja dazu führen, dass im Behandlungsverlauf statt der Merkmale einer Intensivbehandlung die Merkmale der Regelbehandlung zutreffen. Dies sollte dann auch entsprechend dokumentiert werden, auch wenn sich der Patient noch auf einer geschützten Station befindet.

Anhang

Schulungsmaterialien

Merkmale der Intensivbehandlung bei psychischen und psychosomatischen Störungen und Verhaltensstörungen bei Erwachsenen (vgl. DIMDI, 2014a)	
Merkmale der Intensivbehandlung	**Kriterien**
1. Anwendung von besonderen Sicherungsmaßnahmen	Dieses Merkmal ist erfüllt, wenn die Notwendigkeit des Einsatzes von individuellen besonderen Sicherungsmaßnahmen oder stete Bereitschaft dazu besteht. Diese Sicherungsmaßnahmen und die stete Bereitschaft dazu müssen von einer intensivierten Beziehungsarbeit begleitet werden.
2. Akute Selbstgefährdung durch Suizidalität oder schwer selbstschädigendes Verhalten	Das Merkmal „Suizidalität" ist erfüllt, wenn die Gedanken des Patienten nur noch um Suizid kreisen oder der Patient seinen Plan durchführen möchte und der Patient nicht absprachefähig ist.
3. Akute Fremdgefährdung	Dieses Merkmal ist erfüllt, wenn der Patient gewaltbereit oder gewalttätig ist.
4. Schwere Antriebsstörung (gesteigert oder reduziert)	Das Merkmal „schwere gesteigerte Antriebsstörung" ist erfüllt, wenn der Patient ständig aktiv ist, sich durch Gegenargumente nicht beeindrucken lässt und selbst persönliche Konsequenzen nicht zur Kenntnis nimmt oder sie ihm nichts ausmachen. Das Merkmal „schwere reduzierte Antriebsstörung" ist erfüllt, wenn Anregungen von außen den Patienten kaum oder gar nicht mehr erreichen. Die Alltagsverrichtungen sind beeinträchtigt. Hierzu gehört auch der Stupor.
5. Keine eigenständige Flüssigkeits-/Nahrungsaufnahme	Dieses Merkmal ist erfüllt, wenn die Ernährung vollkommen von Dritten übernommen werden muss (nicht bei alleiniger Sondenernährung oder alleiniger parenteraler Ernährung).
6. Akute Selbstgefährdung durch fehlende Orientierung oder Realitätsverkennung	Akute Selbstgefährdung durch fehlende Orientierung oder Realitätsverkennung
7. Entzugsbehandlung mit Vitalgefährdung durch somatische Komplikationen	Dieses Merkmal ist erfüllt, wenn eine Überwachung der Vitalparameter und der Vigilanz engmaschig erfolgt.

Fallbeispiele Betreuungsintensitätsmodell – Erwachsenenpsychiatrie (InEK)

Psychisch begründeter Aufwand – deutlich erhöht (InEK, 2012b, S. 3)

„*Psychiatrie und Psychotherapie*

- Eine manische Patientin beleidigt immer wieder das Personal und Mitpatienten. Sie ist dabei nicht körperlich übergriffig, wird aber als bedrohlich erlebt. Das Personal ist immer wieder damit beschäftigt, sich der Patientin zuzuwenden, sie dabei von anderen Patienten abzuschirmen und/oder beruhigend mit ihr zu sprechen.
- Ein paranoider Patient erlebt deutlich Anspannungszustände, in denen er verbal wiederholt bedrohlich auftritt. Durch intensive Zuwendung und Begrenzung ist es möglich, eine Eskalation zu verhindern.
- Ein 42-jähriger Patient mit einer chronifizierten schizophrenen Negativsymptomatik weist vordergründig keine akute floride Wahnsymptomatik auf. Im Verhalten ist er aber unzugänglich, wortkarg, im Affekt verflacht und parathym. Die Körperpflege ist massiv vernachlässigt. Das Krankheitsbild erfordert regelmäßige Interventionen u. a. mit dem Ziel, das regelmäßige morgendliche Aufstehen zu unterstützen, Körperpflege und die Teilnahme an den Mahlzeiten sowie an den Therapieangeboten sicher zu stellen, sowie zu verhindern, dass der Patient im Bett raucht (Brandgefahr). Zur Sicherstellung der Medikamenteneinnahme ist eine Überwachung erforderlich. Es besteht Notwendigkeit für eine intensive Bezugspflege.

Sucht

- Ein Patient mit beginnendem Alkoholentzugsdelir zeigt deutliche vegetative Entzugssymptomatik und psychopathologische Auffälligkeiten. Diese führen dazu, dass er deutlich gereizt ist und es immer wieder zu verbalen Auseinandersetzungen kommt, mehrfach tägliche Vital-Parameterkontrollen sind erforderlich.

Gerontopsychiatrie

- 75-jähriger Mann, der nach einem schweren Suizidversuch mit Erhängen unter der Diagnose einer schweren depressiven Episode aufgenommen wurde. Differentialdiagnostisch beginnende Demenz wegen kognitiver Einbußen. Patient ist einerseits psychomotorisch unruhig und getrieben, andererseits muss er zu zielgerichteten Aktivitäten immer wieder ermuntert werden. Bedarf der regelmäßigen Kontrolle bei Körperpflege und Kleidung, Medikamenteneinnahme muss immer wieder erläutert und kontrolliert werden. Regelmäßige Deeskalationsgespräche bei anflutenden erneuten suizidalen Impulsen.

Psychotherapie

- Eine 28-jährige Patientin mit emotional-instabiler Persönlichkeitsstörung befindet sich in einem intensiven psychotherapeutischen Programm. Darüber hinaus kommt es aber aufgrund von intermittierenden Anspannungszuständen zu vielen Kurzkontakten zum Pflegepersonal. Diese Kurzkontakte können unterschiedlichen Zwecken dienen (Rücksprachen bei suizidalen Gedanken, Unterstützung bei gelernten Skills, Versorgung von selbst zugefügten Verletzungen).

Eine komplexe psychotherapeutische Situation des Patienten führt dazu, dass eine Teamsitzung unter Beteiligung verschiedener Personen stattfinden muss.

Psychosomatische Medizin

- Ein Patient ist durch eine Störung der Verantwortungsübernahme für sich selbst und eine Tendenz, sich selbst zu schädigen, nicht in der Lage eine ausreichende Ernährung und Flüssigkeitsbilanz sicherzustellen. Er benötigt daher mehrfach täglich eine Überprüfung und Anleitung bei der Nahrungs- und Flüssigkeitszufuhr sowie eine Unterstützung bei der Spannungsregulierung."

Gewichtung der Betreuungsintensität (BI)			
Datum: ____________	1 Kein erhöhter Aufwand	2 Deutlich erhöhter Aufwand	3 Stark erhöhter Aufwand
Psychisch begründeter Aufwand	☐ **1 Punkt**	☒ **3 Punkte**	☐ **5 Punkte**
Somatisch begründeter Aufwand	☐ **1 Punkt**	☐ **3 Punkte**	☐ **5 Punkte**
Sozial begründeter Aufwand	☐ **1 Punkt**	☐ **2 Punkte**	☐ **3 Punkte**
	Gesamt: ____________		**Handzeichen:** ____________

Psychisch begründeter Aufwand – stark erhöht (InEK, 2012b, S. 4)

„Psychiatrie und Psychotherapie

- Ein psychotischer Patient verkennt die Situation auf der Station und wird von Stimmen gequält. Er ist immer wieder über lange Phasen äußerst gereizt und verbal aggressiv. Weiterhin besteht eine Fremdaggressivität, die sich durch schlagen gegen die Wand zum Abbau innerer Anspannung ausdrückt. Es besteht ein hoher multiprofessioneller Betreuungsaufwand mit vielen ärztlichen und pflegerischen Kontakten, um immer wieder einen korrigierenden und Orientierung gebenden Realitätsbezug gemeinsam mit dem Patienten herzustellen.
- Ein manischer Patient ist dysphorisch-gereizt. Er lehnt die Behandlung auf der Station ab, ist richterlich untergebracht. Der Patient ist sehr antriebsgesteigert und versucht ständig mit Nachdruck, die Station zu verlassen. Es besteht ein hoher Betreuungs- und Interventionsbedarf in Bezug auf Begrenzung und unterstützende Strukturierung.

Sucht

- Ein alkoholintoxikierter Patient ist deutlich fremdaggressiv und muss mechanisch beschränkt werden, um Übergriffe auf das Personal oder Mitpatienten zu verhindern.
- Ein Patient mit ausgeprägtem Alkoholentzugsdelir hat optische Halluzinationen, schreit Mitpatienten an, wirkt bedrohlich. Er ist orientierungslos und gangunsicher, Vitalzeichenparameter müssen engmaschig kontrolliert werden.

Gerontopsychiatrie

- 83-jährige Patientin mit einer schweren Demenz. Tagsüber unruhig und umtriebig mit erhöhter Sturzgefahr. Ruft in kurzen Abständen nach der Tochter oder um Hilfe, muss immer wieder beruhigt und getröstet werden, was nur sehr kurze Zeit anhält. Findet sich auf der Station nicht zurecht, muss regelmäßig zur Toilette geleitet werden, uriniert trotzdem in öffentlichen Bereichen auf den Boden, geht in andere Zimmer, rüttelt an der Tür. Schläft nachts nur mit vielen Unterbrechungen, versucht immer wieder aus dem Bett aufzustehen, verlässt das Zimmer mit ebenfalls drohender Sturzgefahr. Die Situation muss den Mitpatienten immer wieder erläutert werden.

Psychotherapie

- Ein dreißigjähriger Patient mit Impulskontrollstörung droht immer wieder raptusartig, sich selbst zu verletzen oder Gegenstände zu verschlucken. Eine fast durchgehende Überwachung des Patienten ist notwendig. Immer wieder muss mit dem Patienten im Gespräch nach Alternativen gesucht werden.
- In dieser Zeit besteht durchgehend die Bereitschaft, zum Schutz des Patienten und anderer zu intervenieren. Dies bindet durchgehend die Aufmerksamkeit mindestens einer Person des Personals.

Psychosomatische Medizin

- Ein Patient bringt sich durch eine Störung der Impulssteuerung, der Affekttoleranz, der Selbstwertregulierung und der Verantwortungsübernahme für sich selbst ständig Selbstverletzungen bei, die einer medizinischen Versorgung bedürfen.

Da der Patient nicht absprachefähig ist, benötigt er eine ständige Beobachtung und ständige kurze Interventionen zur Spannungsregulierung.

- Durch dissoziative Zustände bindet ein Patient unplanbar mehrfach am Tag pflegerische und ärztliche Kapazitäten zur Gefahrenabwehr/zum Schutz und zur Anleitung, mit den emotionalen (Konflikt-)Spannungen ohne Dissoziation zurechtzukommen."

Gewichtung der Betreuungsintensität (BI)			
Datum: ______	1 Kein erhöhter Aufwand	2 Deutlich erhöhter Aufwand	3 Stark erhöhter Aufwand
Psychisch begründeter Aufwand	☐ **1 Punkt**	☐ **3 Punkte**	☒ **5 Punkte**
Somatisch begründeter Aufwand	☐ **1 Punkt**	☐ **3 Punkte**	☐ **5 Punkte**
Sozial begründeter Aufwand	☐ **1 Punkt**	☐ **2 Punkte**	☐ **3 Punkte**
	Gesamt: ______		**Handzeichen:** ______

Weitere Merkmale zur Beschreibung des psychisch begründeten Aufwands (InEK, 2012b, S. 6–7)
„*Aggressivität (selbst- und fremdbezogen)* – eine hohe Reizbarkeit mit gegenständlichen Aggressionsausbrüchen; – eine hohe Reizbarkeit mit verbalen personenbezogenen und bedrohlichen Aggressionsausbrüchen; – ein erhöhter Selbstverletzungsdruck mit gelegentlichen Selbstverletzungshandlungen; – ständige schwerwiegende Selbstverletzungshandlungen; – suizidale Andeutungen, lebensmüde Gedanken/Suizidgedanken, -phantasien, akute Suizidalität. *Selbstständigkeit in der persönlichen Lebensführung* – keine ausreichende oder angemessene Ernährung; – Überforderung, selbst bei einfachen Anforderungen (Termin wahrnehmen, Rechnung bezahlen etc.); – stark begrenzte Fähigkeit, die freie Zeit zu gestalten. – deutliche Überforderung, die persönliche Lebenssituation eigenständig zu bewältigen (z. B. finanzielle Krisen, drohender Verlust der Wohnung oder des Arbeitsplatzes, juristische Komplikationen). *Antriebsstörung (gesteigert und gemindert)* – Der Patient zeigt einen stark verminderten Antrieb, verbunden mit Entschlusslosigkeit, und Störungen der Konzentration und Aufmerksamkeit. Diese führt zu deutlichen Einschränkungen bei alltagspraktischen Tätigkeiten (z. B. Körperpflege, Einnahme von Mahlzeiten und Medikamenten, Wahrnehmung von medizinischen und/oder psychosozialen Therapiemaßnahmen). Bei stark gesteigertem Antrieb kommt es zu einer unzureichenden Nahrungs- und Flüssigkeitsaufnahme, daraus resultierender Gewichtsabnahme und/oder unzureichender Inanspruchnahme medizinisch notwendiger Behandlungsmaßnahmen. *Beeinträchtigung der Steuerungsfähigkeit* – Der Patient ist nicht in der Lage, sich in die Patientengemeinschaft zu integrieren. Er kann z. B. nur schwer an Gruppen teilnehmen. Kriterien herabgesetzter Selbstregulierung oder Regulierung des Objektbezuges sind: 1. Störung der Impulssteuerung 2. Störung der Affekttoleranz 3. Störung der Selbstwertregulierung 4. Störung der Verantwortungsübernahme für sich selbst 5. Störung der Arbeitsbündnisfähigkeit 6. Störung der Gruppenfähigkeit

Psychische und psychosomatische Ausnahmesituationen
- dissoziative Symptome (Verlust der Kontrolle von Willkürmotorik, Sensorik oder Erinnerungsvermögen; körperliche Symptome des autonomen Nervensystems, wie z. B. häufige Erstickungsgefühle mit Hyperventilation, respiratorischer Alkalose, Tetanie und Bewusstseinsverlust);
- Somatisierung;
- Verweigerung der Nahrungs-/Flüssigkeitsaufnahme;
- akute Erregungszustände (Panikattacken, katatone, maniforme, delirante Erregungszustände).

Stufe 1: Durchschnittlicher Aufwand

Stufe 2: Deutlich erhöhter Aufwand (z. B.)
- *Beobachtung und sichernde Maßnahmen (z. B.):*
  - vermehrte Beobachtung und Intervention über einen Großteil des Tages erforderlich;
  - regelmäßige pflegerische und therapeutische Kontakte bzw. intensivere Bezugspflege;
  - deutlich erhöhter Aufwand zum Aufbau einer therapeutischen Beziehung;
  - mehrfach tägliche Notwendigkeit einer Bedarfsmedikationsgabe.
- *Gespräche und kurze verbale Interventionen (z. B.):*
  - häufige kurze entlastende Gesprächskontakte notwendig;
  - häufige edukative Interventionen erforderlich;
  - mehrfach täglich Notwendigkeit stützender Gespräche und Ermutigung;
  - verbale Deeskalation notwendig.
- *Abstimmungsbedarf (z. B.):*
  - erhöhter, über die tägliche Routine hinausgehender therapeutischer Abstimmungsbedarf im Team.

Stufe 3: Stark erhöhter Aufwand (z. B.)
- *Beobachtung und sichernde Maßnahmen (z. B.):*
  - ständige Beobachtung und ggf. Intervention erforderlich (z. B. auch mehrfach tägliche kurzzeitige oder überwiegende Fixierung, nur begleiteter Ausgang bzw. Ausgangssperre);
  - Ausgangsbeschränkung bzw. Ausgangssperre bei Suizidalität;
  - Beobachtung und Intervention über einen Großteil des Tages erforderlich (z. B. auch kurzzeitige Fixierung bzw. nur begleiteter Ausgang);
  - der Grad der Selbstgefährdung muss regelmäßig täglich abgeklärt werden;
  - Deeskalation oder umfangreiche Begleitung notwendig.
- *Gespräche und kurze verbale Interventionen (z. B.):*
  - ständige Bezugstherapeutenkontakte;
  - erheblich gesteigerter Aufwand in Bezug auf die Kontaktaufnahme, Behandlung und Überwachung des Patienten.
- *Abstimmungsbedarf (z. B.):*
  - kontinuierlicher therapeutischer Abstimmungsbedarf.“

Somatisch begründeter Aufwand – deutlich erhöht (InEK, 2012b, S. 5)

- „Mehrere lebenspraktische Aktivitäten (z. B. Körperpflege, Ausscheidung, Nahrungszubereitung und Nahrungsaufnahme, Mobilität) müssen umfänglich assistiert oder übernommen werden. Einzig eine verbale Unterstützung reicht aber nicht aus, damit der Patient die notwendigen Tätigkeiten (z. B. Anziehen) ausführt, sondern es muss zumindest in Teilbereichen auch eine pflegerische Intervention durchgeführt werden.
- Aufgrund eines komorbiden Diabetes mellitus ist bei dem Patienten mit gestörtem Essverhalten die Einstellung des Blutzuckers erschwert. Häufige, das übliche Maß übersteigende Blutzuckerkontrollen durch das Pflegepersonal mit entsprechender Anpassung der Insulindosis sind erforderlich."

Gewichtung der Betreuungsintensität (BI)			
Datum: ____________	1 Kein erhöhter Aufwand	2 Deutlich erhöhter Aufwand	3 Stark erhöhter Aufwand
Psychisch begründeter Aufwand	☐ **1 Punkt**	☐ **3 Punkte**	☐ **5 Punkte**
Somatisch begründeter Aufwand	☐ **1 Punkt**	☒ **3 Punkte**	☐ **5 Punkte**
Sozial begründeter Aufwand	☐ **1 Punkt**	☐ **2 Punkte**	☐ **3 Punkte**
	Gesamt: ____________		**Handzeichen:** ____________

Somatisch begründeter Aufwand – stark erhöht (InEK, 2012b, S. 5)
– „Die überwiegende Zahl der lebenspraktischen Aktivitäten (z. B. Körperpflege, Ausscheidung, Nahrungszubereitung und Nahrungsaufnahme, Mobilität) eines Patienten muss nahezu vollständig übernommen werden.“

Gewichtung der Betreuungsintensität (BI)			
Datum: ____________	1 Kein erhöhter Aufwand	2 Deutlich erhöhter Aufwand	3 Stark erhöhter Aufwand
Psychisch begründeter Aufwand	☐ 1 Punkt	☐ 3 Punkte	☐ 5 Punkte
Somatisch begründeter Aufwand	☐ 1 Punkt	☐ 3 Punkte	☒ 5 Punkte
Sozial begründeter Aufwand	☐ 1 Punkt	☐ 2 Punkte	☐ 3 Punkte
	Gesamt: ____________		Handzeichen: ____________

Weitere Merkmale zur Beschreibung des somatisch begründeten Aufwands (InEK, 2012b, S. 8)
– „Aufgrund einer körperlichen Erkrankung oder einer sich in körperlichen Beeinträchtigungen äußernden psychischen oder psychosomatischen Erkrankung (z. B. akute Infektionen, unklare pathologische Befunde, kardiale Dekompensation, parenterale Ernährung) ist ein zusätzlicher häufiger oder ständiger ärztlicher oder/und pflegerischer medizinischer Aufwand zur Überwachung, Anleitung und/oder Versorgung erforderlich, um eine vitale Bedrohung oder eine deutliche Verschlechterung des Gesundheitszustandes zu verhindern. – Die erhöhte Pflegebedürftigkeit kann auch durch die Wechselwirkung zwischen psychischer Erkrankung und Defiziten in der Selbstversorgung bedingt sein (z. B. im Rahmen von deliranten psychotischen, depressiven oder dementiellen Syndromen). **Stufe 1: Durchschnittlicher Aufwand** **Stufe 2: Deutlich erhöhter Aufwand (z. B.)** – umfängliche Assistenz bei oder Übernahme von mehreren Handlungen bezüglich Körperpflege, Kleidung, Kontinenz und/oder Mobilität; – regelmäßige somatische Überwachung mit erforderlicher Intervention (z. B. ausgeprägte BZ-/RR-Schwankungen oder deutlicher Entzug mit deutlichen vegetativen Zeichen, Krampfanamnese); – regelmäßige Kontrolle des Essverhaltens/der Ernährung mit Begleitung der Esssituation und/oder ständigen Interventionen; – aufwändige Wundversorgung und/oder Schmerzmanagement; – starke Mobilitätseinschränkung erfordert Begleitung bei Gemeinschaftsveranstaltungen, Außenaktivitäten, Konsilbesuchen etc. **Stufe 3: Stark erhöhter Aufwand (z. B.)** – nahezu vollständige Assistenz bei oder Übernahme von Alltagshandlungen in mehreren Bereichen (Körperpflege, Ernährung, Mobilität etc.) erforderlich (darunter auch ganztägige Bettlägerigkeit oder Fixierung); – kontinuierliches medizinisches Monitoring; – engmaschige bzw. kontinuierliche Interventionen.“

Sozial begründeter Aufwand – deutlich erhöht (InEK, 2012b, S. 5)

- „Patient kann nicht mehr an den alten Arbeitsplatz zurückkehren, wäre an einem seinen Fähigkeiten angepassten Arbeitsplatz aber noch vollzeitig arbeitsfähig. Die berufliche Arbeit ist für die Stabilisierung der psychischen Erkrankung von großer Bedeutung. Es bedarf zahlreicher sozialarbeiterischer Interventionen mit persönlichen Kontakten mit dem Arbeitgeber, um eine berufliche Perspektive zu entwickeln.
- Patient ist von akuter Wohnungslosigkeit bedroht. Es bedarf vieler Anrufe und Kontaktaufnahmen, um die Wohnung zu sichern oder nach einer Alternative zu suchen."

Gewichtung der Betreuungsintensität (BI)			
Datum: ____________	1 Kein erhöhter Aufwand	2 Deutlich erhöhter Aufwand	3 Stark erhöhter Aufwand
Psychisch begründeter Aufwand	☐ **1 Punkt**	☐ **3 Punkte**	☐ **5 Punkte**
Somatisch begründeter Aufwand	☐ **1 Punkt**	☐ **3 Punkte**	☐ **5 Punkte**
Sozial begründeter Aufwand	☐ **1 Punkt**	☒ **2 Punkte**	☐ **3 Punkte**
	Gesamt: ____________		**Handzeichen:** ____________

Sozial begründeter Aufwand – stark erhöht (InEK, 2012b, S. 5)

- „Patient hat sich durch seine Erkrankung in eine völlig desolate soziale Situation gebracht. Er verfügt über keinen Arbeitsplatz und/oder die Wohnung droht verloren zu gehen. Schulden habe bereits zu vom Patienten nicht beachteten gerichtlichen Mahnverfahren geführt. Anträge auf soziale Unterstützung sind bis jetzt noch nicht gestellt. Die noch minderjährigen Kinder des alleinerziehenden Patienten drohen zunehmend zu verwahrlosen. Es sind ständige sozialarbeiterische Interventionen mit täglicher Abstimmung im Behandlungsteam erforderlich.
- Die komplexe psychosoziale Situation des Patienten führt dazu, dass eine zusätzliche Teamsitzung unter Beteiligung verschiedener Personen stattfinden muss.
- Es findet Klärung der Rechtsituation statt. Dabei entsteht für den Arzt die Notwendigkeit, eine ausführliche Stellungnahme zu schreiben (z. B. für das Gericht) oder mit Behördenvertretern und Betreuern differenzierte Absprachen zu treffen."

Gewichtung der Betreuungsintensität (BI)			
Datum: ____________	1 Kein erhöhter Aufwand	2 Deutlich erhöhter Aufwand	3 Stark erhöhter Aufwand
Psychisch begründeter Aufwand	☐ **1 Punkt**	☐ **3 Punkte**	☐ **5 Punkte**
Somatisch begründeter Aufwand	☐ **1 Punkt**	☐ **3 Punkte**	☐ **5 Punkte**
Sozial begründeter Aufwand	☐ **1 Punkt**	☐ **2 Punkte**	☒ **3 Punkte**
		Gesamt: ________	**Handzeichen:** ________

Weitere Merkmale zur Beschreibung des sozial begründeten Aufwands (InEK, 2012b, S. 8)

- „Patient ist aufgrund seiner psychischen und/oder psychosomatischen Erkrankung akut von einer sozialen Desintegration oder Not bedroht (z. B. akuter Verlust des Arbeitsplatzes, keinen Krankenversicherungsschutz, wegen finanziellen Belastungen oder einer Straftat mit gerichtlichen/polizeilichen Maßnahmen konfrontiert) oder es bestehen akute Konfliktsituationen mit Angehörigen, ein erhöhter Abstimmungsbedarf unter Therapeuten, Notwendigkeit eine Betreuung oder Unterbringung einzuleiten, ein problematisches Entlassmanagement, welche ein ärztliches, sozialarbeiterisches und/oder fachpflegerisches Eingreifen erfordern.
- Zur Aufrechterhaltung des Therapieerfolges bedarf es umfassender sozialer Maßnahmen zur Vorbereitung/Gestaltung des psychosozialen Empfangsraumes nach der Entlassung.
- Die psychosozialen Probleme führen zu einem erhöhten Abstimmungsbedarf auf der Station zwischen den Berufsgruppen, z. B. im Rahmen von Teambesprechungen.

Stufe 1: Durchschnittlicher Aufwand

Stufe 2: Deutlich erhöhter Aufwand (z. B.)

- häufige sozialarbeiterische Interventionen zur weiteren Klärung sozialer Konflikte;
- intensiver Kontakt zum gerichtlichen Betreuer oder zu betreuenden Institutionen/komplementären Einrichtungen (einschließlich Beantragung und Abklärung der Kostenübernahme, Vorstellungstermine) oder die Einleitung einer Betreuung ist erforderlich.

Stufe 3: Stark erhöhter Aufwand (z. B.)

- Besprechung und aktive Klärung komplexer psychosozialer Versorgungsfragen (z. B. bei Patienten mit häufigen Wiederaufnahmen);
- aufwändige Klärung von Finanzangelegenheiten, Schulden, Versorgung abhängiger Angehöriger;
- hochaufwendige überregionale Suche nach speziellen weiterführenden Therapieeinrichtungen insbesondere bei klinisch relevanter Komorbidität.“

Fallbeispiele Betreuungsintensitätsmodell – Kinder- und Jugendpsychiatrie (Universitätsklinik Göttingen)

Kerstin Sehmer-Kurz und Barbara Kunze

In Anlehnung an das Betreuungsintensitätsmodell der Erwachsenenpsychiatrie und die dort erwähnten Fallbeispiele wurden an der Klinik für Kinder- und Jugendpsychiatrie des Universitätsklinikums Göttingen Fallbeispiele für den Bereich der Kinder- und Jugendpsychiatrie zusammengestellt. Wie in Kapitel 6.2 bereits beschrieben, wurde das für die Kinder- und Jugendpsychiatrie gültige Modell der InEK (2012b) um den Aspekt des „Sozial begründeten Aufwands" erweitert und umfasst nun sechs patientenbezogene Aspekte, hinsichtlich derer eine Einstufung vorgenommen werden muss. Die ersten vier Aspekte („Aggressivität/Unruhe/Anspannung/Erregung", „Aufsichtsbedarf", „Absprachefähigkeit/Kooperation/Regelakzeptanz" sowie „Gruppenfähigkeit") ordnen wir dem psychisch begründeten Aufwand zu.

Psychisch begründeter Aufwand – BI extrem hoch, regelmäßig erhöht

- Eine schwer depressive Patientin, 17 Jahre, emotional instabile Persönlichkeitszüge, verletzt sich wiederholt schwer, ist nicht absprachefähig, äußert Suizidabsichten.
- Das Personal ist immer wieder damit beschäftigt, sich der Patientin zuzuwenden, sie auch von anderen Patienten abzuschirmen. Aufsicht immer wieder in Sichtweite notwendig.
- Sehr enge Führung und zwischenzeitliche Freiheitseinschränkung ist notwendig.

Gewichtung der Betreuungsintensität (BI)

1 Punkt = keine erhöhte BI
2 Punkte = kurzzeitig, gering erhöhte BI
3 Punkte = punktuell, mittel erhöhte BI
4 Punkte = hoch, deutlich, mehrfach erhöhte BI
5 Punkte = extrem hoch, regelmäßig erhöhte BI

Datum:	______	______	______	______
Aggressivität, Unruhe, Anspannung, Erregung	1☐ 2☐ 3☐ 4☐ 5☐	1☐ 2☐ 3☐ 4☐ 5☐	1☐ 2☐ 3☐ 4☐ 5☐	1☐ 2☐ 3☐ 4☐ 5☒
Aufsichtsbedarf	1☐ 2☐ 3☐ 4☐ 5☐	1☐ 2☐ 3☐ 4☐ 5☐	1☐ 2☐ 3☐ 4☐ 5☐	1☐ 2☐ 3☐ 4☐ 5☒
Absprachefähigkeit, Kooperation, Regelakzeptanz	1☐ 2☐ 3☐ 4☐ 5☐	1☐ 2☐ 3☐ 4☐ 5☐	1☐ 2☐ 3☐ 4☐ 5☐	1☐ 2☐ 3☐ 4☐ 5☒
Gruppenfähigkeit	1☐ 2☐ 3☐ 4☐ 5☐	1☐ 2☐ 3☐ 4☐ 5☐	1☐ 2☐ 3☐ 4☐ 5☐	1☐ 2☐ 3☐ 4☐ 5☒
Somatischer Aufwand, Selbstständigkeit, Mobilität, Lebensführung	1☐ 2☐ 3☐ 4☐ 5☐	1☐ 2☐ 3☐ 4☐ 5☐	1☐ 2☐ 3☐ 4☐ 5☐	1☐ 2☐ 3☐ 4☐ 5☒
Sozial begründeter Aufwand	1☐ 2☐ 3☐ 4☐ 5☐	1☐ 2☐ 3☐ 4☐ 5☐	1☐ 2☐ 3☐ 4☐ 5☐	1☐ 2☐ 3☐ 4☐ 5☐
Handzeichen:	______	______	______	______

Psychisch begründeter Aufwand – BI hoch, deutlich, mehrfach erhöht

- Ein 10-jähriger Junge mit hyperkinetischer Störung des Sozialverhaltens gerät wiederholt in Konflikte mit Mitpatienten, reagiert auf Grenzsetzung aggressiv, bespuckt Mitarbeiter. Er ist in die Gruppe schwer integrierbar und benötigt häufig Anleitung und Intervention durch den Pflege-Erziehungsdienst.
- Ausgang in den Garten, zu Therapien und dem Schulunterricht alleine, ohne Mitpatienten möglich. Oft zeigt er oppositionelles Verhalten, benötigt viele Aufforderung und auch Konfrontation, kann sich nur schwer an Absprachen halten.

Gewichtung der Betreuungsintensität (BI)				
1 Punkt = keine erhöhte BI **2 Punkte** = kurzzeitig, gering erhöhte BI	**3 Punkte** = punktuell, mittel erhöhte BI **4 Punkte** = hoch, deutlich, mehrfach erhöhte BI		**5 Punkte** = extrem hoch, regelmäßig erhöhte BI	
Datum:	________	________	________	________
Aggressivität, Unruhe, Anspannung, Erregung	1☐ 2☐ 3☐ 4☐ 5☐	1☐ 2☐ 3☐ 4☐ 5☐	1☐ 2☐ 3☐ 4☐ 5☐	1☐ 2☐ 3☐ 4☒ 5☐
Aufsichtsbedarf	1☐ 2☐ 3☐ 4☐ 5☐	1☐ 2☐ 3☐ 4☐ 5☐	1☐ 2☐ 3☐ 4☐ 5☐	1☐ 2☐ 3☐ 4☒ 5☐
Absprachefähigkeit, Kooperation, Regelakzeptanz	1☐ 2☐ 3☐ 4☐ 5☐	1☐ 2☐ 3☐ 4☐ 5☐	1☐ 2☐ 3☐ 4☐ 5☐	1☐ 2☐ 3☐ 4☒ 5☐
Gruppenfähigkeit	1☐ 2☐ 3☐ 4☐ 5☐	1☐ 2☐ 3☐ 4☐ 5☐	1☐ 2☐ 3☐ 4☐ 5☐	1☐ 2☐ 3☐ 4☒ 5☐
Somatischer Aufwand, Selbstständigkeit, Mobilität, Lebensführung	1☐ 2☐ 3☐ 4☐ 5☐	1☐ 2☐ 3☐ 4☐ 5☐	1☐ 2☐ 3☐ 4☐ 5☐	1☐ 2☐ 3☐ 4☐ 5☐
Sozial begründeter Aufwand	1☐ 2☐ 3☐ 4☐ 5☐	1☐ 2☐ 3☐ 4☐ 5☐	1☐ 2☐ 3☐ 4☐ 5☐	1☐ 2☐ 3☐ 4☐ 5☐
Handzeichen:	_____	_____	_____	_____

Psychisch begründeter Aufwand – BI hoch, deutlich, mehrfach erhöht

– Ein 12-jähriger Junge mit Asperger-Autismus zeigt große Schwierigkeiten, sich in die Patientengruppe zu integrieren. Er beharrt auf eigenen Spielinteressen, riecht und betastet fremdes Spielzeug und gerät durch weitere starre Verhaltensmuster häufig mit Mitpatienten in Konflikte. Er reagiert unruhig und angespannt. Um den Patienten vor Übergriffen von Mitpatienten zu schützen werden Gruppenaktivitäten vom Pflegedienst regelmäßig begleitet und angeleitet. Ausgänge im Rahmen der Klinik z. B. zu Therapien oder zum Schulunterricht absolviert der Patient alleine.

Gewichtung der Betreuungsintensität (BI)

1 Punkt = keine erhöhte BI
2 Punkte = kurzzeitig, gering erhöhte BI
3 Punkte = punktuell, mittel erhöhte BI
4 Punkte = hoch, deutlich, mehrfach erhöhte BI
5 Punkte = extrem hoch, regelmäßig erhöhte BI

Datum:	______	______	______	______
Aggressivität, Unruhe, Anspannung, Erregung	1☐ 2☐ 3☐ 4☐ 5☐	1☐ 2☐ 3☐ 4☐ 5☐	1☐ 2☐ 3☐ 4☐ 5☐	1☐ 2☐ 3☒ 4☐ 5☐
Aufsichtsbedarf	1☐ 2☐ 3☐ 4☐ 5☐	1☐ 2☐ 3☐ 4☐ 5☐	1☐ 2☐ 3☐ 4☐ 5☐	1☐ 2☐ 3☐ 4☒ 5☐
Absprachefähigkeit, Kooperation, Regelakzeptanz	1☐ 2☐ 3☐ 4☐ 5☐	1☐ 2☐ 3☐ 4☐ 5☐	1☐ 2☐ 3☐ 4☐ 5☐	1☐ 2☐ 3☒ 4☐ 5☐
Gruppenfähigkeit	1☐ 2☐ 3☐ 4☐ 5☐	1☐ 2☐ 3☐ 4☐ 5☐	1☐ 2☐ 3☐ 4☐ 5☐	1☐ 2☐ 3☐ 4☒ 5☐
Somatischer Aufwand, Selbstständigkeit, Mobilität, Lebensführung	1☐ 2☐ 3☐ 4☐ 5☐	1☐ 2☐ 3☐ 4☐ 5☐	1☐ 2☐ 3☐ 4☐ 5☐	1☐ 2☐ 3☐ 4☐ 5☐
Sozial begründeter Aufwand	1☐ 2☐ 3☐ 4☐ 5☐	1☐ 2☐ 3☐ 4☐ 5☐	1☐ 2☐ 3☐ 4☐ 5☐	1☐ 2☐ 3☐ 4☐ 5☐
Handzeichen:	______	______	______	______

Somatisch begründeter Aufwand – BI hoch, deutlich, mehrfach erhöht

- 16-jährige Patientin mit Anorexia nervosa benötigt engmaschige somatische Überwachung. Sie wird bei den Mahlzeiten begleitet, zusätzlicher Ernährungs- und Verhaltensplan. Einnahme der Mahlzeiten in Kleinstgruppe notwendig.

Gewichtung der Betreuungsintensität (BI)

1 Punkt = keine erhöhte BI
2 Punkte = kurzzeitig, gering erhöhte BI
3 Punkte = punktuell, mittel erhöhte BI
4 Punkte = hoch, deutlich, mehrfach erhöhte BI
5 Punkte = extrem hoch, regelmäßig erhöhte BI

Datum:	________	________	________	________
Aggressivität, Unruhe, Anspannung, Erregung	1☐ 2☐ 3☐ 4☐ 5☐	1☐ 2☐ 3☐ 4☐ 5☐	1☐ 2☐ 3☐ 4☐ 5☐	1☐ 2☐ 3☐ 4☐ 5☐
Aufsichtsbedarf	1☐ 2☐ 3☐ 4☐ 5☐	1☐ 2☐ 3☐ 4☐ 5☐	1☐ 2☐ 3☐ 4☐ 5☐	1☐ 2☐ 3☐ 4☐ 5☐
Absprachefähigkeit, Kooperation, Regelakzeptanz	1☐ 2☐ 3☐ 4☐ 5☐	1☐ 2☐ 3☐ 4☐ 5☐	1☐ 2☐ 3☐ 4☐ 5☐	1☐ 2☐ 3☐ 4☐ 5☐
Gruppenfähigkeit	1☐ 2☐ 3☐ 4☐ 5☐	1☐ 2☐ 3☐ 4☐ 5☐	1☐ 2☐ 3☐ 4☐ 5☐	1☐ 2☐ 3☐ 4☐ 5☐
Somatischer Aufwand, Selbstständigkeit, Mobilität, Lebensführung	1☐ 2☐ 3☐ 4☐ 5☐	1☐ 2☐ 3☐ 4☐ 5☐	1☐ 2☐ 3☐ 4☐ 5☐	1☐ 2☐ 3☐ 4☒ 5☐
Sozial begründeter Aufwand	1☐ 2☐ 3☐ 4☐ 5☐	1☐ 2☐ 3☐ 4☐ 5☐	1☐ 2☐ 3☐ 4☐ 5☐	1☐ 2☐ 3☐ 4☐ 5☐
Handzeichen:	______	______	______	______

Somatisch begründeter Aufwand – BI punktuell, mittel erhöht

- Bei einer 13-jähriger Patientin mit Angststörung und neu diagnostiziertem Diabetes mellitus Typ I ist intensive Begleitung bei somatischen Untersuchungen notwendig zur Entängstigung. Darüber hinaus ein hohes Maß an pflegerischer Begleitung und medizinischer Aufklärung in der Anfangszeit, um die Compliance zu fördern.

Gewichtung der Betreuungsintensität (BI)

1 Punkt = keine erhöhte BI
2 Punkte = kurzzeitig, gering erhöhte BI
3 Punkte = punktuell, mittel erhöhte BI
4 Punkte = hoch, deutlich, mehrfach erhöhte BI
5 Punkte = extrem hoch, regelmäßig erhöhte BI

Datum:	________	________	________	________
Aggressivität, Unruhe, Anspannung, Erregung	1□ 2□ 3□ 4□ 5□	1□ 2□ 3□ 4□ 5□	1□ 2□ 3□ 4□ 5□	1□ 2□ 3□ 4□ 5□
Aufsichtsbedarf	1□ 2□ 3□ 4□ 5□	1□ 2□ 3□ 4□ 5□	1□ 2□ 3□ 4□ 5□	1□ 2□ 3□ 4□ 5□
Absprachefähigkeit, Kooperation, Regelakzeptanz	1□ 2□ 3□ 4□ 5□	1□ 2□ 3□ 4□ 5□	1□ 2□ 3□ 4□ 5□	1□ 2□ 3□ 4□ 5□
Gruppenfähigkeit	1□ 2□ 3□ 4□ 5□	1□ 2□ 3□ 4□ 5□	1□ 2□ 3□ 4□ 5□	1□ 2□ 3□ 4□ 5□
Somatischer Aufwand, Selbstständigkeit, Mobilität, Lebensführung	1□ 2□ 3□ 4□ 5□	1□ 2□ 3□ 4□ 5□	1□ 2□ 3□ 4□ 5□	1□ 2□ 3☒ 4□ 5□
Sozial begründeter Aufwand	1□ 2□ 3□ 4□ 5□	1□ 2□ 3□ 4□ 5□	1□ 2□ 3□ 4□ 5□	1□ 2□ 3□ 4□ 5□
Handzeichen:	_____	_____	_____	_____

Sozial begründeter Aufwand – BI hoch, deutlich, mehrfach erhöht

- 9-jähriges Mädchen mit emotionaler Störung des Kindesalters lebt bei alleinerziehender Mutter mit einer emotional-instabilen Persönlichkeitsstörung. Sehr unzuverlässige Bindungsangebote mit stark abwertenden Botschaften gegenüber dem Kind, verzerrte Mutter-Kind-Interaktion, unzureichende Erziehungsbedingungen. Außerfamiliäre Unterbringung indiziert. Diesbezüglich starke Widerstände und Ambivalenzen bzgl. der Zusammenarbeit mit der Jugendhilfe. Hoher Beratungsbedarf und intensive Vernetzung mit Jugendamt, Schule, Anbahnung der stationären Jugendhilfemaßnahme, inkl. Begleitung bei Besichtigung der Einrichtungen durch den sozialen Dienst und Bezugspflege. Aufwendiger Dokumentationsbedarf.

Gewichtung der Betreuungsintensität (BI)

1 Punkt = keine erhöhte BI
2 Punkte = kurzzeitig, gering erhöhte BI
3 Punkte = punktuell, mittel erhöhte BI
4 Punkte = hoch, deutlich, mehrfach erhöhte BI
5 Punkte = extrem hoch, regelmäßig erhöhte BI

Datum:	________	________	________	________
Aggressivität, Unruhe, Anspannung, Erregung	1☐ 2☐ 3☐ 4☐ 5☐	1☐ 2☐ 3☐ 4☐ 5☐	1☐ 2☐ 3☐ 4☐ 5☐	1☐ 2☐ 3☐ 4☐ 5☐
Aufsichtsbedarf	1☐ 2☐ 3☐ 4☐ 5☐	1☐ 2☐ 3☐ 4☐ 5☐	1☐ 2☐ 3☐ 4☐ 5☐	1☐ 2☐ 3☐ 4☐ 5☐
Absprachefähigkeit, Kooperation, Regelakzeptanz	1☐ 2☐ 3☐ 4☐ 5☐	1☐ 2☐ 3☐ 4☐ 5☐	1☐ 2☐ 3☐ 4☐ 5☐	1☐ 2☐ 3☐ 4☐ 5☐
Gruppenfähigkeit	1☐ 2☐ 3☐ 4☐ 5☐	1☐ 2☐ 3☐ 4☐ 5☐	1☐ 2☐ 3☐ 4☐ 5☐	1☐ 2☐ 3☐ 4☐ 5☐
Somatischer Aufwand, Selbstständigkeit, Mobilität, Lebensführung	1☐ 2☐ 3☐ 4☐ 5☐	1☐ 2☐ 3☐ 4☐ 5☐	1☐ 2☐ 3☐ 4☐ 5☐	1☐ 2☐ 3☐ 4☐ 5☐
Sozial begründeter Aufwand	1☐ 2☐ 3☐ 4☐ 5☐	1☐ 2☐ 3☐ 4☐ 5☐	1☐ 2☐ 3☐ 4☐ 5☐	1☐ 2☐ 3☐ 4☒ 5☐
Handzeichen:	______	______	______	______

Literatur

Bea, F. X., Scheurer, S. & Hesselmann, S. (2008). *Projektmanagement*. Stuttgart: Lucius & Lucius.

Bergmann, R. & Garrecht, M. (2008). *Organisation und Projektmanagement*. Heidelberg: Physica-Verlag.

Bielefeld, M. (2012, Oktober). *Budgetermittlung nach dem Psych-Entgeltgesetz für die Jahre 2013 bis 2016*. Vortrag auf der 2. Jahrestagung der Deutschen Gesellschaft für Medizincontrolling e. V., Thema „Entgeltsystem Psychiatrie", Frankfurt, Klinikum der Johann Wolfgang Goethe Universität.

Bundesgesetzblatt. (2013). *Gesetz zur Verbesserung der Rechte von Patientinnen und Patienten* (Bundesgesetzblatt Jahrgang 2013, Teil I, Nr. 9, S. 277–282). Zugriff am 28.08.2014. Verfügbar unter http://www.bgbl.de/banzxaver/bgbl/start.xav?startbk=Bundesanzeiger_BGBl&start=//*%255B@attr_id=%27bgbl113s0277.pdf%27%255D#__bgbl__%2F%2F*[%40attr_id%3D%27bgbl113s0277.pdf%27]__1409230144671

Deutsches Institut für Medizinische Dokumentation und Information (DIMDI). (2014a). *Operationen- und Prozedurenschlüssel. Version 2015. Kapitel 9 Ergänzende Maßnahmen (9-20...9-99). Behandlung bei psychischen und psychosomatischen Störungen und Verhaltensstörungen bei Erwachsenen (9-60...9-64)*. Zugriff am 21.01.2015. Verfügbar unter http://www.dimdi.de/static/de/klassi/ops/kodesuche/onlinefassungen/opshtml2015/block-9-60...9-64.htm

Deutsches Institut für Medizinische Dokumentation und Information (DIMDI). (2014b). *Operationen- und Prozedurenschlüssel Version 2015. Mit Aktualisierung vom 04.11.2013. Kapitel 9 Ergänzende Maßnahmen (9-20...9-99). Behandlung bei psychischen und psychosomatischen Störungen und Verhaltensstörungen bei Kindern und Jugendlichen (9-65...9–69)*. Zugriff am 21.01.2015. Verfügbar unter http://www.dimdi.de/static/de/klassi/ops/kodesuche/onlinefassungen/opshtml2015/chapter-9.htm

Doran, G. T. (1981). There's a S. M. A. R. T. way to write management's goals and objectives. *Management Review, 70* (11), 35–36.

European Business School. Strascheg Institute for Innovation and Entrepreneurship (SIIE). (2008). *Potentiale und Bedeutung des Projektmanagements aus der Perspektive des Topmanagements. Studienergebnisse*. Zugriff am 28.08.2014. Verfügbar unter http://www.gpm-ipma.de/fileadmin/user_upload/Know How/Studienergebnisse_Top Management.pdf#page=13&zoom=auto,417,-14

Institut für das Entgeltsystem im Krankenhaus GmbH (InEK). (2012a). *Ergänzungen und Anpassungen zum Kalkulationshandbuch. 28.11.2012. Anpassung Kalkulationshandbuch ab Datenjahr 2013: Handbuch BI-Modell einheitlich S137*. Zugriff am 28.08.2014. Verfügbar unter http://www.g-drg.de/cms/Kalkulation2/Pauschaliertes_Entgeltsystem_Psychiatrie_17d_KHG/Kalkulationshandbuch/Ergaenzungen_und_Anpassungen_zum_Kalkulationshandbuch

Institut für das Entgeltsystem im Krankenhaus GmbH (InEK). (2012b). *Ergänzungen und Anpassungen zum Kalkulationshandbuch. 28.11.2012. Anlage 13 PSY*. Zugriff am 28.08.2014. Verfügbar unter http://www.g-drg.de/cms/Kalkulation2/Pauschaliertes_Entgeltsystem_Psychiatrie_17d_KHG/Kalkulationshandbuch/Ergaenzungen_und_Anpassungen_zum_Kalkulationshandbuch

Institut für das Entgeltsystem im Krankenhaus GmbH (InEK). (2014a) *PEPP. Pauschalierendes Entgeltsystem Psychiatrie Psychosomatik. Version 2015. Definitionshandbuch*. Siegburg: InEK. Zugriff am 21.01.2015. Verfügbar unter http://www.g-drg.de/cms/PEPP-Entgeltsystem_2015/Definitionshandbuch

Institut für das Entgeltsystem im Krankenhaus GmbH (InEK). (2013b) *Abschlussbericht zur Entwicklung des PEPP-Systems*. Siegburg: InEK.

Institut für das Entgeltsystem im Krankenhaus GmbH (InEK). (2014b). *PEPP-Entgeltkatalog. PEPP-Version 2015*. Zugriff am 21.01.2015. Verfügbar unter http://www.g-drg.de/cms/PEPP-Entgeltsystem_2015/PEPP-Entgeltkatalog

Krezner, H. (2003). *Projekt Management. Ein systemorientierter Ansatz zur Planung und Steuerung* (8. Aufl.). Bonn: mitp-Verlag.

Litke, H.-D. (2004). *Projektmanagement. Methoden, Techniken, Verhaltensweisen-Evolutionäres Projektmanagement* (4., überarb. und erw. Aufl.). München: Carl Hanser.

Mikosch, M. (1995, E-Book: 1999). *Projektmanagement in Wohlfahrtsverbänden. Eine Strategie zur Bewältigung neuer Herausforderungen* (Diplomarbeit). Norderstedt: Diplomica.

Remschmidt, H., Schmidt, M. H. & Poustka, F. (Hrsg.) (2006). *Multiaxiales Klassifikationsschema für psychische Störungen des Kindes- und Jugendalters nach ICD-10 der WHO* (5., vollst. überarb. Aufl.) Bern: Hans Huber.

Schelle, H. (2008). *Projekte und Projektmanagement*. In Deutsche Gesellschaft für Projektmanagement e. V. (GPM) (Hrsg.), *Projektmanagement. Fachmann* (Bd. 1, 9. Aufl., S. 25–57). Sternenfels: Verlag Wissenschaft und Praxis.

Stöger, R. (2007). *Wirksames Projektmanagement. Mit Projekten zu Ergebnissen*. (2., überarb. Aufl.). Stuttgart: Schäffer-Poeschel.

Tiemeyer, E. (2002). *Projekte erfolgreich managen. Methoden, Instrumente, Erfahrungen*. Weinheim: Beltz.

TRUECARE® GmbH. *PMH Projektmanagement Handbuch*. Zugriff am 28.08.2014. Verfügbar unter http://www.projektmanagementhandbuch.de/projektinitiierung/zieldefinition/

Wagner, R. & Grau, N. (2014). *Basiswissen Projektmanagement. Projektarbeit richtig organisieren*. Düsseldorf: Symposion.

WHO/Dilling, H. & Freyberger, H. J. (2012). *Taschenführer zur ICD-10-Klassifikation psychischer Störungen* (6. Aufl.). Bern: Hans Huber.

Übersicht über die Inhalte auf der CD-ROM
– BI-Doku-Bogen – Primär-Doku-Bogen – BI-Doku-Bogen KJPP – Primär-Doku-Bogen KJPP – Schulungspräsentation